中国企业社会责任报告编写指南(CASS-CSR4.0) 丛书

U0618302

中国企业社会责任报告指南4.0
之 石油化工业

中国社会科学院
中国石油化工集团有限公司
中国LG化学
责任云研究院

钟宏武　吕大鹏　孙兴起　王　涛/ 顾问
周泉生　曾四海　陈　洁/ 编审
马　燕　刘袖瑕　王李甜子　聂昭衡　王沿坪　等 / 著

社会责任报告
全生命周期管理指南

经济管理出版社
ECONOMY & MANAGEMENT PUBLISHING HOUSE

图书在版编目（CIP）数据

中国企业社会责任报告指南：4.0 之石油化工业/钟宏武等著．—北京：经济管理出版社，2019.8

ISBN 978 - 7 - 5096 - 6871 - 9

Ⅰ.①中… Ⅱ.①钟… Ⅲ.①企业责任—社会责任—研究报告—写作—中国②石油化工企业—工业企业管理—社会责任—研究报告—写作—中国 Ⅳ.①F279.2②H152.3

中国版本图书馆 CIP 数据核字（2019）第 181442 号

组稿编辑：陈　力
责任编辑：杨国强　张瑞军
责任印制：黄章平
责任校对：王纪慧

出版发行：经济管理出版社
　　　　　（北京市海淀区北蜂窝 8 号中雅大厦 A 座 11 层　100038）
网　　址：www. E - mp. com. cn
电　　话：（010）51915602
印　　刷：三河市延风印装有限公司
经　　销：新华书店
开　　本：720mm × 1000mm/16
印　　张：15
字　　数：274 千字
版　　次：2019 年 9 月第 1 版　　2019 年 9 月第 1 次印刷
书　　号：ISBN 978 - 7 - 5096 - 6871 - 9
定　　价：68.00 元

专家组成员

顾 问：
钟宏武　中国社会科学院教授、责任云研究院名誉院长
吕大鹏　中国石化社会责任办公室负责人、宣传工作部主任
孙兴起　中国 LG 化学副总经理
王 涛　中国石化宣传工作部副主任

组 长：
周泉生　中国石化宣传工作部品牌处处长
陈 洁　中国 LG 化学品牌公关部副总监
马 燕　责任云研究院执行院长

成 员：（按姓氏拼音排序）
刘袖瑕　责任云研究院项目经理
聂昭衡　中国 LG 化学战略合作部经理
王李甜子　中国石化宣传工作部品牌处主管
王雨霏　责任云研究院研究员
王沿坪　责任云研究院研究员
杨 秀　责任云研究院研究员
曾四海　中国石化宣传工作部品牌处副处长

开启报告价值管理新纪元

本土标准是引领中国企业社会责任报告发展的重要工具。2009 年,《中国企业社会责任报告编写指南》(简称《指南1.0》)发布,此后2 次升级到3.0 版本。2016 年,400 余家中外大型企业参考了《指南3.0》,《指南3.0》成为全球报告倡议组织(GRI)官方认可的全球唯一国别报告标准,有力提升了中国在国际社会责任运动中的话语权。在"共建共享"的理念指导下,经过2 次升级,报告编写指南不断与时俱进,完成了从"基本可用"到"基本好用"的转变。

过去4 年,企业社会责任报告实践发生深刻变化。一方面,编写社会责任报告的企业数量仍在稳步增长,总量接近2000 家,但增长幅度较之前有了明显下降;另一方面,从技术上讲,我国社会责任报告的质量越来越高,在报告框架结构、主题内容、语言风格、表现形式等各方面取得了长足进步。与此同时,一些企业却打破每年发布社会责任报告的"惯例",终止发布报告或延长报告发布周期,甚至出现"报告无用论"。报告价值何在,成为亟待回答的问题。

为适应新形势、新要求,进一步提升指南适用性和解释力,推动我国企业社会责任报告在更大程度、更广维度发挥价值,2016 年9 月,中国社科院启动《指南4.0》修编工作。在充分研究和讨论基础上,对《指南3.0》进行较大程度创新。总体而言,《指南4.0》具有以下特点:

第一,定位由"报告编写指南"到"报告综合指南"。《指南1.0》《指南2.0》解决了报告内容管理问题,《指南3.0》解决了报告流程管理问题,《指南4.0》解决了报告价值管理问题。"三位一体"的管理体系,使得《指南4.0》对社会责任报告的指引超出了报告编制范围,成为一本全方位综合指南。

第二,首倡社会责任报告价值管理。社会责任报告究竟有什么价值,这些价值是如何发生的,应该通过什么手段更好地发挥报告价值仍然困扰着中国企业。《指南4.0》明确加强报告价值管理,使报告真正起到对内强化管理、对外提升品牌的作用。

第三，构建"1＋M＋N"指南家族。在《指南 4.0》修编过程中，将继续采取"逐行业编制、逐行业发布"模式；同时，在当前部分社会责任议题重要性凸显和越来越多企业发布社会责任议题报告的背景下，在《指南 4.0》修编过程中，还将采取"逐议题编制、逐议题发布"模式。从而构建 1（基础框架）＋N（分行业指南）＋M（分议题指南）指南系列，进一步提升指南系统性和适用性。

第四，内容更科学适用。《指南 4.0》对理论框架进行了重新梳理，对每个维度下的具体指标进行了增、删、合并调整，着重吸纳了社会责任最新政策和最新标准，同时提升了指标展开的逻辑性和内容的准确性；同时，指南还进一步优化了报告流程，并根据全书体系需要对流程进行了增删调整。对每一个流程下的方法论进行了更细致的描述，可操作性进一步增强。

把握大势、应运而生。《中国企业社会责任报告编写指南（CASS－CSR4.0)》在继承了指南 1.0～3.0 的优秀成果，吸纳了最新社会责任政策、标准、倡议和广大社会责任同仁的思想智慧后，正式推出。我们相信，更加与时俱进的《指南 4.0》必将在内容、流程上给社会责任报告带来全新提升。更重要的是，帮助企业更好地发挥报告价值，开启报告价值管理新时代，让社会责任报告焕发新的生命力！

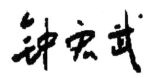

2019 年 9 月

目　录

第一章 《中国企业社会责任报告指南(CASS – CSR4.0)》简介

一、理论基础

《中国企业社会责任报告指南（CASS – CSR4.0）》创造性地提出企业社会责任"方圆模型"（见图 1 – 1），对过往的"四位一体"企业社会责任模型（见图 1 – 2）进行了较大幅度改造。没有规矩，不成方圆，模型名称寓意塑造企业社会责任的基本范式。模型外圆内方，内部是责任管理及其构成要素；外部是责任实践及其构成要素。

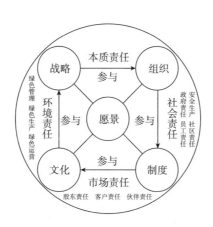

图 1 – 1 《中国企业社会责任报告指南 4.0》——社会责任方圆模型

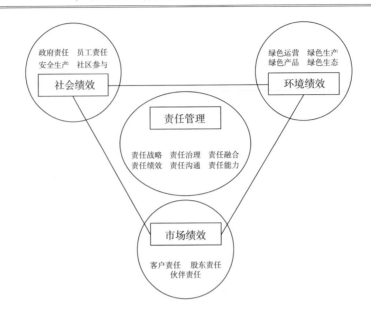

图 1-2　"四位一体"传统社会责任理论模型

　　该模型一如既往地突出了责任管理的重要作用，认为责任管理是企业履行社会责任的重要保障，是企业社会责任的重要内容。责任管理包括愿景、战略、组织、制度、文化和参与。其中，愿景是原点和初心，也是目标和归属；战略、组织、制度和文化是实现愿景的四大管理支柱；参与贯穿于社会责任管理的全流程。

　　该模型对"四位一体"模型中的责任实践部分进行了丰富，纳入了"本质责任"。"四位一体"模型及其背后的"三重底线"理论，只规定了社会责任实践的基本领域，却没强调社会责任实践的重点方向。本质责任不是新的责任领域，而是具体到特定企业，在国家战略、社会需求、行业定位、企业禀赋等综合因素决定下，原有的，归属到市场、社会或环境领域的某些责任议题对国家、社会和企业可持续发展的战略意义凸显。本质责任因企业所处的行业不同而各不相同，因此，在一般框架中，将不纳入本质责任的指标。在分行业社会责任指南修订的过程中，将详细研发该行业的本质责任指标。

　　"方圆模型"以责任愿景为原点，明确企业社会责任工作目标；以责任管理为重点，夯实企业社会责任工作基础；以本质责任为牵引，以市场责任为依托，以社会责任和环境责任为两翼，构成了企业社会责任的行动逻辑和完整生态。

二、新版特点

(一) 范围更全面

按照工作推进逻辑，围绕企业社会责任报告有四个核心问题：第一，为什么需要编制社会责任报告（价值）；第二，报告该披露哪些内容（指标）；第三，如何高效开展报告编制工作（流程）；第四，报告是否达到预期，值得编制（价值）。《指南1.0》和《指南2.0》解决了第二个问题，即明确在编写社会责任报告过程中应考虑哪些内容和指标。《指南3.0》解决了第三个问题，即明确社会责任报告编写的全过程包含哪些主要环节，在不同的环节应该如何开展工作。《指南4.0》则明确了社会责任报告包含哪些价值，企业如何更好地发挥报告价值。因此，《指南4.0》已经由编写指南升华为报告内容、流程、价值综合指南。

(二) 亮点更突出

中国企业编制社会责任报告的历史可追溯到十多年前。时至今日，企业对于社会责任报告应该披露哪些内容、社会责任报告应该按照什么流程编制已经有了较为清楚的认识，但是社会责任领域一直探索的社会责任报告的价值问题，却仍然困扰着绝大多数的中国企业。社会责任报告究竟有什么价值，这些价值是如何发生的，应该通过什么手段更好地发挥报告的价值是现阶段社会责任报告发展过程中亟待解决的问题。价值是社会责任报告编制的出发点和落脚点。《指南4.0》明确加强社会责任报告价值管理，通过系统分析，利用专业手段，使报告真正达到对内强化管理、对外提升品牌的作用，赋予报告"生命力"。

(三) 领域更系统

鉴于不同行业社会责任内涵和外延的显著差异，为提升分行业指南的科学性和适用性，在《指南4.0》的修编过程中，将继续采取"逐行业编制、逐行业发布"的模式；同时，在当前企业社会责任纵深发展，部分社会责任议题重要性凸显和越来越多企业发布社会责任议题报告的背景下，在《指南4.0》的修编过程中，还将采取"逐议题编制、逐议题发布"的模式。从而构建1（基础框架）＋N（分行业指南）＋M（分议题指南）的指南系列，进一步提升指南的系统性和适用性。

（四）内容更科学

指标上，《指南4.0》在编写过程中对指标体系进行了大幅更新，合并《指南3.0》中重复的指标，精简《指南3.0》冗杂的指标，更新部分指标的描述解释。对原有指标体系中的报告前言、责任管理、环境绩效三个板块子指标进行重新调整分类；广泛吸纳社会责任最新倡议、指标或指南，融合了包括全球报告倡议组织（GRI）社会责任指标G－standards，联合国可持续发展目标（SDGs）和香港联交所《环境、社会及管制报告指引》（ESG）等国内外最新主流指标体系；并结合了中国社会责任政策趋势。

流程上，企业社会责任在中国经过十多年发展，发布社会责任报告的企业逐年增加。编制报告作为社会责任管理体系中的重要专项工作，部分企业仍然对如何科学、系统地编制一本社会责任报告存在疑惑。因此，《指南3.0》中首次提出通过对社会责任报告进行全生命周期管理，充分发挥报告在加强利益相关方沟通、提升企业社会责任管理水平两方面的作用。《指南4.0》中，我们进一步优化报告过程管理，将原有的7过程要素变更为8过程要素，进一步厘清报告编写脉络，并明确各阶段任务和目标，以期有效提升社会责任报告质量。

三、指南使用

（一）参考《指南4.0》的指标体系编写报告

企业在编写社会责任报告过程中，按照《指南4.0》确定的议题和指标确定本企业社会责任报告框架和内容，并提供报告内容与《指南4.0》指标体系的索引表。

（二）严格按照《指南4.0》的流程编写报告

企业在编写社会责任报告的过程中，严格按照《指南4.0》确定的报告流程编写报告，扎实完成报告编写各个环节，重视流程管控，提升报告质量。

（三）严格按照《指南4.0》的方法提升报告价值

企业在编制报告的过程中和报告编制完成后，严格按照《指南4.0》确定的方法管理报告的价值。做好利益相关方的重点回应、过程参与和影响传播，实现报告价值。

（四）申请参加"中国企业社会责任报告评级"

报告评级是对企业社会责任报告的第三方认证，鼓励企业按照《指南4.0》编写报告后向中国企业社会责任报告评级专家委员会申请评级。

四、第三方质量保证

第三方质量保证的目的是改善社会责任报告的可信度，弥合报告企业与报告读者之间的信任鸿沟，最终提升社会责任报告的有用性。第三方质量保证根据保证提供的主体不同，通常有以下三种方式：

● 由有影响力的利益相关方或者社会责任领域专家发表的第三方评论。评论的内容主要包括对企业管理、业绩和社会责任进展的意见和建议，但不包括对报告信息的质量等问题发表正式结论。

● 由行业协会、咨询机构等非专业机构提供的第三方评论。评论的内容主要包括对企业管理业绩、社会责任进展的意见和建议，有些评论包括对企业社会责任报告质量的评论，但这些结论通常是非正式的。

● 由专业验证机构提供的正式验证声明，并出具验证报告。该声明是系统的、以证据为基础的结果，验证人员根据报告质量和数据得出正式结论。

目前，国际上应用最为广泛、影响力最大的标准是由国际审计与鉴证准则委员会（International Auditing and Assurance Standard Board，IAASB）发布的ISAE3000 和 Accountability 发布的 AA1000 审验标准。在国内，应用最为广泛的第三方质量保证标准是由中国社会科学院经济学部企业社会责任研究中心发布的《中国企业社会责任报告评级标准》。

（一）ISAE3000 标准

ISAE3000 标准主要指"适用于对历史信息以外的其他财务资料的审验的验证服务国际标准"。该标准主要有如下特点：

第一，将审验保证程度分为合理保证和有限保证。标准规定，所有的外部审验活动都应说明其程序的保证程度，以减少信息使用者对审验可靠性的期望与其实际效力之间的差距，允许审验人员在合理保证或有限保证两个不同层次的保证基础上对报告信息做出保证。

第二，取消对报告标准的限制。由于社会责任报告在国际上并未形成强制性标准，不同国家和地区的社会责任标准也不尽相同，所以 ISAE3000 取消了对报告标准的限制，即当审验人员不清楚报告编制标准或标准不充分的情况下也可以接受该验证任务。

第三，审验声明的形式。审验人员在签署最后声明时应清楚阐述他们从被审验文件的信息中所得到的结论。在有限保证时，这一判断必须用消极方式表述，即：对所收集要素的测试并不意味着该公司完全真实准确地报告了其业绩；在合理保证时，则应采取积极方式描述。

（二）AA1000 系列标准

AA1000 系列标准的目的是提高组织在可持续发展方面的业绩表现，它包括一套创新性的标准、指引和使用者附注。现行的 AA1000 系列标准由三个标准组成：AA1000 原则标准（AA1000APS）、AA1000 审验标准（AA1000AS）和 AA1000 利益相关方参与标准（AA1000SES）。AA1000 审验标准具有如下特点：

第一，将利益相关方置于审验的核心。AA1000 审验标准是评价一个组织是否对其利益相关方尽责的有力衡量标准，把利益相关方置于审验的核心，并特别关心他们的意见和反馈。审验程序所带来的价值增值无论对内部管理者还是外部利益相关者来说都是至关重要的。

第二，具有充分的灵活性。AA1000 审验标准为社会责任审验提供了一个严格的框架，同时又为其适应不同组织机构环境提供了充足的灵活性。

第三，全方位的审验标准。AA1000 审验标准为组织机构提供了在不同认证体系内获取信息并起作用的途径，这些体系包括可持续发展的一些特定方面，比如可持续森林管理认证体系、公平贸易标签体系或环境管理体系。它提供了一个可信赖而又客观的平台，这个平台使可持续的非财务因素和传统的财务报告与审验联系起来。

（三）《中国企业社会责任报告评级标准》

《中国企业社会责任报告评级标准》是由中国社会科学院联合国内社会责任研究专家共同研发的报告评级标准。自 2009 年中国企业社会责任报告评级专家委员会成立以来，迄今为包括中央企业、地方企业、民营企业和外资企业在内的 570 余份社会责任报告进行评级。评级专家委员会"科学、公正、开放"的评价结果和工作模式得到了社会各界的一致好评。

【评级主体】

中国企业社会责任报告评级专家委员会是企业社会责任报告评级的领导机构与执行机构，是由中国企业社会责任研究及实践领域的专家组成的开放性机构。委员会采取开放、灵活的工作模式，根据申请报告评级企业的行业属性等特征，选取 3 名委员组成评级专家委员小组。报告内容评级之前，由评级事务联络人组成的资料审核小组赴企业所在地，对企业社会责任报告的流程和价值做实地评估，将评估结果与企业社会责任报告一并提交专家；专家委员小组对报告分别进行总体评级，由评级小组组长综合专家意见确定报告最终级别、出具评级报告。根据企业要求，委员会可组织专家与企业就提高社会责任报告质量、规范社会责任报告编制流程等问题进行深入沟通。

【评级流程】

（1）企业根据自愿原则向中国社会科学院经济学部企业社会责任研究中心提出正式的报告评级申请，并与中心达成报告评级协议。

（2）在评级专家委员会中抽取专家成立报告评级小组，报告评级小组由专家委员和评级事务联络人组成，联络人一般由中心工作人员组成，完成实地评估。

（3）评级事务联络人赴企业所在地对其社会责任报告流程和价值进行评估，评估结果交评级小组参考。

（4）专家委员小组成员根据评级标准和《中国企业社会责任报告编写指南（CASS – CSR 4.0)》对企业社会责任报告分别进行打分。

（5）评级小组组长综合专家意见后形成评级报告，委员会主席审签。

（6）组织专家与企业进行后续沟通及报告改进。如图 1 – 3 所示。

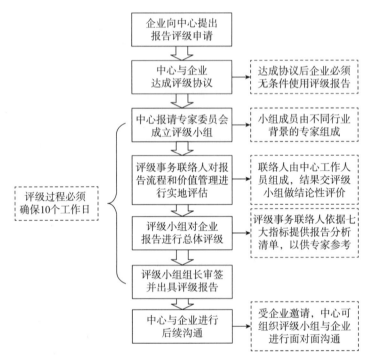

图 1 – 3　中国企业社会责任报告评级流程

五、指南生态

中国社科院自 2009 年推出《指南 1.0》以来，以指南为基础，已经衍生出

《中国企业社会责任蓝皮书》《中国企业社会责任报告白皮书》等权威学术著作,总结中国年度社会责任进展,展望未来发展趋势;以指南为依据,开展"中国企业社会责任报告评级",建立权威的社会责任报告评价体系,为企业更好编写社会责任报告做出专业指导;同时,围绕企业社会责任报告,搭建高端平台,组织高端会议,促进企业社会责任报告交流与合作。逐步形成以指南为核心,服务权威著作,延伸专业评价,支撑高端平台和活动的指南使用生态系统,如图1‐4所示。

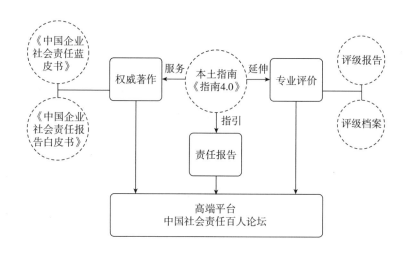

图1‐4 指南生态系统

(一) 指南与《中国企业社会责任蓝皮书》

《中国企业社会责任蓝皮书》以指南为依据,结合年度 CSR 发展新趋势、新特点,开发社会责任评价指标体系,通过公开渠道收集企业社会责任信息,在对指标进行赋权的基础上形成年度社会责任发展指数。

企业社会责任发展指数是对企业社会责任管理体系建设的现状和社会/环境信息披露水平进行评价的综合指数,根据评价对象的不同可产生不同的指数分类,进而形成中国企业社会责任发展系列指数。自 2009 年,中国社科院每年编著《中国企业社会责任蓝皮书》,形成《中国企业社会责任研究报告》发布的中国企业社会责任发展指数,评价年度的社会责任管理状况和社会/环境信息披露水平,辨析中国企业社会责任发展进程的阶段性特征,为深入研究中国企业社会责任现状提供基准性参考。研究报告对中国企业300强、国有企业100强、民营企业100强、外资企业100强、省域国有企业以及16个重点行业的企业社会责任发展水平进行评价,研究中国企业社会责任年度最新进展,以期促进中国企业社会责任又好又快发展,如图1-5所示。

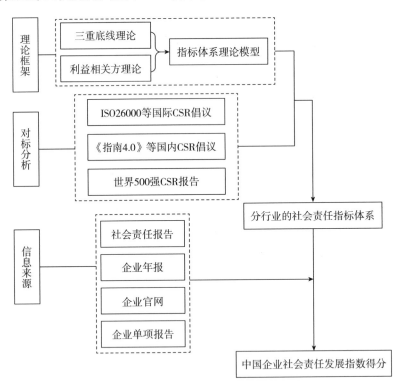

图1-5 中国企业社会责任发展指数研究路径

【成果特点】

影响广泛:中国企业社会责任领域最具权威性的研究,每年均得到中央电视台、新华网、人民网等数十家新闻媒体的持续跟踪报道,社会影响广泛。

解读权威:以中国100强系列企业为研究对象,详细解读了不同性质企业在社会责任方面的阶段性特征;以电力、银行等10多个重点行业为研究对象,探究不同行业社会责任管理水平和社会责任信息披露水平。

行业领先:研究成果得到国内外大型企业和各大行业广泛关注和评价,成为中国企业社会领域领先的行业性研究成果。

(二) 指南与《中国企业社会责任报告白皮书》

自 2011 年开始,中国社科院与新华网连续六年联合发布《中国企业社会责任报告白皮书》。报告以《中国企业社会责任报告指南 (CASS – CSR4.0)》和《中国企业社会责任报告评级标准》为评价依据,以企业社会责任报告的信息披露质量及报告管理水平为评价内容,对年度发布的所有报告进行逐一评价,多角度、全方位反映和分析我国企业社会责任报告发展阶段性特征。

【成果特点】

影响广泛:数十家新闻媒体专版报道,业内影响力大。

解读权威:从发布数量、分布地域、企业性质、所在行业、报告篇幅、参考标准、报告内容等角度,辨析每年中国企业社会责任报告的最新进展,进一步推动报告水平的提升。

案例丰富:选取行业前沿的企业如中国石化集团、国家开发投资集团、中国三星、现代汽车等企业社会责任报告的优秀案例,供参考借鉴。

(三) 指南与中国企业社会责任报告评级

"中国企业社会责任报告评级"是由中国社会科学院经济学部企业社会责任研究中心发起成立"中国企业社会责任报告评级专家委员会"所提供的一项专业服务,依据《中国企业社会责任报告编制指南》和《中国企业社会责任报告评级标准》,对企业年度发布的社会责任报告进行评级并出具评级报告。旨在通过报告评级向企业提供专业意见,为企业社会责任工作提供智力支持,改进我国企业社会责任工作现况;以报告促管理,充分发挥报告在利益相关方沟通、企业社会责任绩效监控方面发挥的作用,将报告作为提升企业社会责任管理水平的有效工具。

【成果特点】

专家权威:"中国社会责任报告评级专家委员会"由来自国务院国资委、国务院扶贫办、中国社会科学院、清华大学、中山大学、中企联、中电联、联合国全球契约网络、中国企业公民委员会、新华网等机构的知名社会责任专家组成。

评价全面：对报告的内容维度、流程维度、价值维度和创新维度进行全方位评级，出具专家签署的评级报告。最终结果通过星级呈现，分别为五星级（卓越）、四星半级（领先）、四星级（优秀）、三星半级（良好）等。

建议专业：评估人员赴参评企业进行面对面沟通，指导企业社会责任报告管理工作；评级专家对社会责任报告"把脉"，出具《报告评级改进建议书》，提升报告质量。

推广多元：通过《中国企业社会责任报告白皮书》（已连续发布8年）、社会责任领域高端峰会、责任云微信公众号、评级档案等方式进行全方位宣传及展示企业报告和履责实践。

【成果回顾】

截至2019年7月底，评级专家委员会已经为573份社会责任报告提供评级，报告评级服务已经成为国内最权威、受企业广泛认可的企业社会责任报告第三方评价。如表1-1所示。

表1-1　评级报告数量

2011 年（22 家）	2012 年（43 家）	2013 年（60 家）	2014 年（61 家）	2015 年（65 家）	2016 年（66 家）	2017 年（73 家）	2018 年（91 家）
南方电网	中国石化股份	中国建材	中国移动	中国石化	中国华电	中国移动	中国兵器
中国电信	中国华能	中国建筑	中国海油	神华集团	中国一汽	中国人保	中国电科
中国华能	中国铝业	中煤集团	中粮集团	北控集团	中国建筑	中国交建	中国石化
中国石化集团	华润集团	中国海油	中航工业	国投	中国建材	海立股份	中国海油
中国石化股份	神华集团	中国联通	中国交建	光大银行	远洋集团	丰田中国	中国南网
中国黄金	中国电科	中国电子	国机集团	三元食品	佳能中国	华润电力	中国华电
远洋地产	新兴际华	北汽集团	海航集团	台达中国	松下中国	保利协鑫	中国大唐
中国电科	广东粤电	中国三星	松下（中国）	上汽大众	现代汽车	LG化学	中国LG
中国兵装	佳能（中国）	斗山（中国）	丰田（中国）	LG（中国）	民生银行	佳能中国	台达中国
……	……	……	……	……	……	……	……

（四）中国社会责任百人论坛

《指南4.0》以及由指南支撑的权威著作《中国企业社会责任蓝皮书》《中国企业社会责任报告白皮书》，由指南延伸的专业评价和由指南指引的社会责任报告都将在中国社会责任百人论坛框架下进行价值延伸。通过责任百人会议发布相关成果，通过责任百人文库打造成果品牌，通过责任百人讲堂进行成果分享，通过责任百人调研提升成果影响。

"中国社会责任百人论坛"（以下简称"责任百人论坛"）（英文名称为China Social Responsibility 100 Forum），是由致力于推动中国社会责任发展的专家学者、企业家、社会活动家等自发建立的公益性机制，是中国社会责任领域的高端平台。

责任百人论坛通过持续举办重点热点问题研讨会、重要成果发布会等，实现汇聚责任思想、共享责任成果、提升履责绩效的论坛宗旨，为政府推进社会责任发展建言献策，为企业履行社会责任指明方向，助力中国走出一条经济繁荣、社会进步、环境优美的可持续发展之路，携手共筑"中国梦"。

责任百人论坛主要活动：

● 责任百人会议。

➤ 年会。

每年1月举办，总结年度工作，发布年度重要成果，讨论新一年工作计划。北京社会责任展持续组织并发布中国企业在社会责任、公益扶贫、标准、行业等年度研究报告，并设立主题展厅，展现优秀企业社会责任实践。

➤ 重大热点研讨会。

发布论坛成员的重要研究成果，就重大热点社会/环境问题进行深度研讨，为社会责任事业的发展建言献策。

● 责任百人文库。

➤ 社会责任系列研究报告。

开展社会责任蓝皮书、公益蓝皮书、企业扶贫蓝皮书、汽车行业社会责任蓝皮书、报告编写标准、海外社会责任、上市公司社会责任蓝皮书等一系列研究。

➤ 百人论坛会刊。

汇编每期会议精彩演讲，摘录年度重要成果，定期出版发布。

● 责任百人讲堂。

组织开展公益讲堂、责任官、MBA 系列社会责任培训和讲座。

● 责任百人调研。

组织开展走进理事单位、分享责任中国行等社会责任调研和交流活动。

中国社会责任百人论坛发起人名单（截至 2019 年 6 月）

李　扬　中国社科院学部委员、国家金融与发展实验室理事长

彭华岗　国务院国有资产监督管理委员会秘书长

解思忠　原国务院国资委监事会主席

欧晓理　国家发改委社会司司长

张晓刚　国际标准化组织（ISO）主席

刘兆彬　中国质量万里行促进会会长

曹宏瑛　中国外商投资企业协会常务副会长

王幼燕　中国电子信息联合会副秘书长

魏紫川　新华网常务副总裁

宋志平　中国建材集团有限公司董事长

王小康　全国政协委员、原中国节能环保集团有限公司董事长

郑崇华　台达集团创办人暨荣誉董事长

刘　冰　中国黄金集团有限公司董事、总经理、党委副书记

史正江　中国南方电网有限责任公司党组副书记、副总经理

蓝　屹　华润集团秘书长、办公厅主任

陈晓龙　圣象集团董事长

王　彤　中国三星首席副总裁

张　凯　松下电器（中国）有限公司副总裁

潘家华　中国社会科学院城市发展与环境研究所所长、中国社会科学院学部
　　　　委员

黄群慧　中国社会科学院经济研究所所长

刘纪鹏　中国政法大学商学院院长

李雪松　中国社科院财经战略研究院副院长

邓国胜　清华大学公益慈善研究院副院长

张洪忠　北京师范大学新闻传播学院副院长、教授

周祖城　上海交通大学安泰经济与管理学院教授

倪鹏飞　中国社会科学院城市与竞争力研究中心主任

吕　朝　恩派（NPI）公益组织发展中心创始人、主任

宝　山　北大纵横管理咨询集团高级合伙人

吕建中　博然思维集团创始人

钟宏武　中国社科院教授、责任云研究院名誉院长

张　蒽　中国社科院副研究员、中国社会责任百人论坛执行秘书长

● 中国社会责任百人论坛理事会。

责任百人论坛设立企业理事会，吸纳在行业内有一定影响力，具有较强社会责任感和良好声誉的企业加入。

中国社会责任百人论坛理事会单位名单（截至 2019 年 6 月）

理事会单位：

中国石化、国投集团、招商局、华润集团、南方电网、东风汽车、中国一汽、中国华电、中国电建、中国旅游集团、中国黄金、华润电力、华润置地、国家电投、华润燃气、上海家化、中国民生银行、阿里巴巴、海航集团、华夏幸福、伊利、圣象、碧桂园集团、蒙牛、中国三星、现代汽车、台达、松下电器、LG 化学、东风悦达起亚、中国兵器工业、中国移动、安利、华润健康

● 百人论坛活动大事记。

➤ 2016 年 10 月百人论坛正式成立，以国内知名社会责任领域专家学者、企业家等作为发起人，以优秀中外企业为理事单位，通过持续举办重点热点议题研讨会、重要成果发布会等，实现汇聚责任思想、共享责任成果、提升履责绩效的论坛宗旨，为政府推进和企业履行社会责任建言献策，助力美丽中国建设。

➤ 2017 年 1 月，召开"中国社会责任百人论坛——第五届分享责任年

会"，会上举行百人论坛成员聘任仪式；首次发布《中资企业海外社会责任蓝皮书（2016～2017)》《中国电建印度尼西亚可持续发展报告》和《中国企业社会责任年鉴（2016)》，连续 8 年发布《中国企业社会责任研究报告（2016)》等多项研究成果，受到央视等主流媒体的争相报道，在行业内引起极大反响。

➤2017 年 2 月 27 日，"责任百人咖啡——《中国社会责任百人论坛》首发式暨首届 CSR 报告沙龙"在北京社科 1978 咖啡举办，来自政府部门、教研机构、国内外大型企业等机构代表 60 余人参加。

➤2017 年 3 月，举办首届中国社会责任百人讲堂暨中国社会科学院研究生院 MBA《企业社会责任》必修课，致力于推动中国企业社会责任知识普及和责任意识提高，受益学员累计达 150 人。

➤2017 年 5 月，举办首届"中国社会责任百人论坛——'可感知的'责任品牌创享会（2017)"，旨在携手共探我国企业责任品牌建设问题，推动中国企业责任品牌更好、更快发展。活动组织策划开展了"首届您心目中最牛责任品牌"微信投票活动，会上也正式公布了首届"您心目中最牛责任品牌"评选结果，整个活动阅读量超过 100 万次，共有782099 人参与，收到投票 525034 张。同日下午，召开首届理事会单位闭门会。

➤随着《巴黎协定》正式生效，应对气候变化成为全球共同关注的热点问题。2017 年 6 月 16 日在北京艾维克酒店召开首届《中国企业应对气候变化自主贡献研究报告》发布会。发改委、社科院等机构专家和优秀企业代表共同分享和探讨节能降碳政策、理论和实践，会上发布《中国企业应对气候变化自主贡献研究报告》，并为入选研究报告优秀案例的企业颁发证书。

➤2017 年 8 月 9～11 日，"中国社会责任百人讲堂——第九期责任官公益培训计划"在苏州开讲，广泛传播企业社会责任理念，提升企业社会责任意识，参与培训学员达 200 人，首次创新责任大联欢更是精彩纷呈。

➤2017 年下半年，中国社会责任百人论坛组织策划了"分享责任中国行（2017)"活动，走进四川成都和西藏林芝地区，参观调研中国企业在节能环保以及精准扶贫领域做出的努力与贡献，深入挖掘企业履行社会责任的优秀实践，并授予中国节能和中国华能"企业社会责任示范基地"。世界行（2017）先后奔赴泰国、印度尼西亚、埃塞俄比亚、韩国、老挝等国家调研学习。

➢ 2017 年 11 月，召开"2017 中国社会责任百人论坛暨首届北京社会责任展"，会上举行百人论坛发起人及理事单位代表集中亮相仪式；连续 9 年发布《企业社会责任蓝皮书（2017）》，首次发布中国上市公司 ESG 指数、《家电企业社会责任蓝皮书（2017）》和本土第一大应用标准《中国企业社会责任报告指南4.0》，连续两年发布《汽车企业社会责任蓝皮书（2017)》和《企业扶贫蓝皮书（2017)》等多项研究成果，受到人民网、新华网等主流媒体的争相报道，在行业内引起极大反响。

➢ 2018 年 1 月 8 日，召开"中国社会责任百人论坛——首届责任传播年会暨 2017 年度优秀责任报道发布会"，活动旨在加深媒体人对企业社会责任的认知，推动媒体关注企业社会责任，发挥媒体的力量推动中国企业社会责任的发展。本次会议表彰了 2017 年度企业社会责任领域的政策报道奖、案例报道奖、行业报道奖、人物报道奖及成果报道奖五类奖项，45 篇稿件获得优秀或入围奖，包括人民日报、经济日报、中央电视台、新华网等在内的 29 家媒体的记者获得优秀报道奖。

➢ 2018 年 4 月 28 日，举办"中国社会责任百人论坛——国务院扶贫办课题《企业精准扶贫案例研究》暨《企业扶贫蓝皮书（2018)》启动会"，会议主题为"尽锐出战，共建小康"，会议发布国务院扶贫办课题《企业精准扶贫案例研究》暨《企业扶贫蓝皮书（2018)》推进计划。课题是国务院扶贫办 2018 年重点工作之一——"总结推广典型经验"的具体落地。

➢ 2018 年 5 月 25 日，举办"《中央企业社会责任蓝皮书（2018)》暨《中央企业'一带一路'履责报告（2018)》课题启动会"，课题全面研究梳理中央企业社会责任工作现状，推动中央企业更加持续高效地履行社会责任。来自政府部门、行业专家、中央企业、主流媒体等共计 120 余人出席本次会议。

➢ 2018 年 11 月 23 日，举办《企业社会责任蓝皮书（2018)》发布会，会议以"改革开放 40 年·社会责任 10 年·再出发"为主题。本次会议发布的是中国社科院第 10 本"蓝皮书",对 2018 年中国企业 300 强、国有企业 100 强、民营企业 100 强、外资企业 100 强以及 10 个重点行业企业的社会责任发展水平进行了评价。

➢ 2018 年 12 月 27 日,举办"第七届分享责任年会——责任之夜",相关行业专家、知名企业、主流媒体等各方代表 200 余人出席此次会议。会议上,中国社科院、责任云研究院联合发布了《中国社会责任年鉴(2018)》,梳理了 2018 年中国企业社会责任十大事件。

六、与《指南 3.0》对应表

《指南 4.0》对报告指标体系进行大幅修订,具体指标含义和解读可参考第四章"报告指标详解"。

(一)报告前言(P 系列)

表 1-2 《指南 4.0》与《指南 3.0》的报告前言对比

《指南 3.0》		《指南 4.0》	
报告规范（P1）	P1.1 报告质量保证程序 P1.2 报告信息说明 P1.3 报告边界 P1.4 报告体系 P1.5 联系方式	报告规范（P1）	P1.1 质量保证 P1.2 信息说明 P1.3 报告体系
报告流程（P2）	P2.1 报告编写流程 P2.2 报告实质性议题选择程序 P2.3 利益相关方参与报告编写过程的程序和方式	高管致辞（P2）	P2.1 履行社会责任的形势分析与战略考量 P2.2 年度社会责任工作进展
高管致辞（P3）	P3.1 企业履行社会责任的机遇和挑战 P3.2 企业年度社会责任工作成绩与不足的概括总结	责任聚焦（P3）	P3.1 社会责任重大事件 P3.2 社会责任重点议题及进展成效

续表

《指南3.0》		《指南4.0》	
企业简介 (P4)	P4.1 企业名称、所有权性质及总部所在地 P4.2 企业主要品牌、产品及服务 P4.3 企业运营地域,包括运营企业、附属及合营机构 P4.4 按产业、顾客类型和地域划分的服务市场 P4.5 按雇佣合同(正式员工和非正式员工)和性别分别报告从业员工总数 P4.6 列举企业在协会、国家组织或国际组织中的会员资格或其他身份 P4.7 报告期内关于组织规模、结构、所有权或供应链的重大变化	企业简介 (P4)	P4.1 企业战略与文化 P4.2 组织架构及运营地域 P4.3 主要产品、服务和品牌 P4.4 企业规模与影响力 P4.5 报告期内关于组织规模、结构、所有权或供应链的重大变化
年度进展 (P5)	P5.1 年度社会责任重大工作 P5.2 年度责任绩效 P5.3 年度责任荣誉		

(二)责任管理(G 系列)

表1-3 《指南4.0》与《指南3.0》的责任管理对比

《指南3.0》		《指南4.0》	
责任战略 (G1)	G1.1 社会责任理念、愿景、价值观 G1.2 企业签署的外部社会责任倡议 G1.3 辨识企业的核心社会责任议题 G1.4 企业社会责任规划	愿景 (G1)	G1.1 企业使命、愿景、价值观 G1.2 企业社会责任理念或口号
责任治理 (G2)	G2.1 社会责任领导机构 G2.2 利益相关方与企业最高治理机构之间沟通的渠道或程序 G2.3 社会责任组织体系 G2.4 企业内部社会责任的职责与分工 G2.5 社会责任管理制度	战略 (G2)	G2.1 实质性社会责任议题识别与管理 G2.2 社会责任战略规划与年度计划 G2.3 推动社会责任融入企业发展战略与日常经营 G2.4 塑造有影响、可持续的责任品牌
责任融合 (G3)	G3.1 推进下属企业社会责任工作 G3.2 推动供应链合作伙伴履行社会责任	组织 (G3)	G3.1 企业高层支持和推动社会责任工作 G3.2 社会责任领导机构及工作机制 G3.3 社会责任组织体系及职责分工

《指南3.0》		《指南4.0》	
责任绩效 （G4）	G4.1 构建企业社会责任指标体系 G4.2 依据企业社会责任指标进行绩效评估 G4.3 企业社会责任优秀评选 G4.4 企业在经济、社会或环境领域发生的重大事故、受到的影响和处罚以及企业的应对措施	制度 （G4）	G4.1 制定社会责任管理制度 G4.2 构建社会责任指标体系 G4.3 丰富社会责任理论研究
责任沟通 （G5）	G5.1 企业利益相关方名单 G5.2 识别及选择利益相关方的程序 G5.3 利益相关方的关注点和企业的回应措施 G5.4 企业内部社会责任沟通机制 G5.5 企业外部社会责任沟通机制 G5.6 企业高层领导参与的社会责任沟通与交流活动	文化 （G5）	G5.1 组织开展社会责任培训 G5.2 开展社会责任考核或评优
责任能力 （G6）	G6.1 开展CSR课题研究 G6.2 参与社会责任研究和交流 G6.3 参加国内外社会责任标准的制定 G6.4 通过培训等手段培育负责任的企业文化	参与 （G6）	G6.1 识别和回应利益相关方诉求 G6.2 企业主导的社会责任沟通参与活动 G6.3 机构参与或支持的外界发起的经济、环境、社会公约、原则或其他倡议

（三）市场绩效（M系列）

表1-4 《指南4.0》与《指南3.0》的市场绩效对比

《指南3.0》		《指南4.0》	
股东责任 （M1）	M1.1 股东参与企业治理的政策和机制 M1.2 保护中小投资者利益 M1.3 规范信息披露 M1.4 成长性 M1.5 收益性 M1.6 安全性	股东责任 （M1）	M1.1 规范公司治理 M1.2 最高治理机构及其委员会的提名和甄选过程 M1.3 反腐败 M1.4 合规信息披露 M1.5 保护中小投资者利益 M1.6 成长性 M1.7 收益性 M1.8 安全性

《指南3.0》			《指南4.0》		
客户责任 （M2）	M2.1	客户关系管理体系	客户责任 （M2）	M2.1	提升产品/服务可及性
	M2.2	产品知识普及或客户培训		M2.2	产品/服务质量管理体系
	M2.3	客户信息保护		M2.3	合格率
	M2.4	止损和赔偿		M2.4	坚持创新驱动
	M2.5	产品质量管理体系		M2.5	研发投入
	M2.6	产品合格率		M2.6	新增专利数
	M2.7	支持产品服务创新的制度		M2.7	科技成果产业化
	M2.8	科技或研发投入		M2.8	严禁虚假或者引人误解的宣传
	M2.9	科技工作人员数量及比例		M2.9	产品知识普及或客户培训
	M2.10	新增专利数		M2.10	潜在风险警示
	M2.11	新产品销售额		M2.11	公平交易
	M2.12	重大创新奖项		M2.12	倡导可持续消费
	M2.13	客户满意度调查及客户满意度		M2.13	客户信息保护
	M2.14	积极应对客户投诉及客户投诉解决率		M2.14	主动售后服务体系
				M2.15	积极应对消费者投诉
				M2.16	投诉解决率
				M2.17	止损和赔偿
				M2.18	客户满意度
伙伴责任 （M3）	M3.1	战略共享机制及平台	伙伴责任 （M3）	M3.1	诚信经营
	M3.2	诚信经营的理念及制度保障		M3.2	经济合同履约率
	M3.3	公平竞争的理念及制度保障		M3.3	公平竞争
	M3.4	经济合同履约率		M3.4	战略共享机制和平台
	M3.5	识别并描述企业的价值链及责任影响		M3.5	尊重和保护知识产权
	M3.6	企业在促进价值链履行社会责任方面的倡议和政策		M3.6	助力行业发展
	M3.7	企业对价值链成员进行的社会责任教育、培训		M3.7	公平贸易
				M3.8	针对供应商的社会责任政策、倡议和要求
	M3.8	公司责任采购的制度及（或）方针		M3.9	因为社会责任不合规被否决的潜在供应商数量
	M3.9	供应商社会责任评估和调查的程序和频率		M3.10	供应商社会责任日常管理机制
	M3.10	供应商通过质量、环境和职业健康安全管理体系认证的比率		M3.11	供应商社会责任审查的流程与方法
				M3.12	报告期内审查的供应商数量
	M3.11	供应商受到经济、社会或环境方面处罚的个数		M3.13	因为社会责任不合规被终止合作的供应商数量
	M3.12	责任采购比率		M3.14	供应商社会责任绩效考核与沟通
				M3.15	供应商社会责任培训
				M3.16	供应商社会责任培训绩效

（四）社会绩效（S 系列）

表 1－5 《指南 4.0》与《指南 3.0》的社会绩效对比

	《指南 3.0》		《指南 4.0》
政府责任（S1）	S1.1 企业守法合规体系 S1.2 守法合规培训 S1.3 禁止商业贿赂和商业腐败 S1.4 企业守法合规审查绩效 S1.5 纳税总额 S1.6 响应国家政策 S1.7 确保就业及（或）带动就业的政策或措施 S1.8 报告期内吸纳就业人数	政府责任（S1）	S1.1 守法合规体系建设 S1.2 守法合规培训 S1.3 纳税总额 S1.4 支持和参与全面深化改革 S1.5 带动就业 S1.6 报告期内吸纳就业人数
员工责任（S2）	S2.1 劳动合同签订率 S2.2 集体谈判与集体合同覆盖率 S2.3 民主管理 S2.4 参加工会的员工比例 S2.5 通过员工申诉机制申请、处理和解决的员工申诉数量 S2.6 雇员隐私管理 S2.7 兼职工、临时工和劳务派遣工权益保护 S2.8 按运营地划分的员工最低工资和当地最低工资的比例 S2.9 社会保险覆盖率 S2.10 超时工作报酬 S2.11 每年人均带薪年休假天数 S2.12 按雇佣性质（正式、非正式）划分的福利体系 S2.13 女性管理者比例 S2.14 少数民族或其他种族员工比例 S2.15 残疾人雇佣率或雇佣人数 S2.16 职业健康与安全委员会中员工的占比 S2.17 职业病防治制度 S2.18 职业安全健康培训 S2.19 年度新增职业病和企业累计职业病 S2.20 工伤预防制度和措施 S2.21 员工心理健康制度/措施 S2.22 体检及健康档案覆盖率	员工责任（S2）	S2.1 员工构成情况 S2.2 平等雇佣 S2.3 劳动合同签订率 S2.4 民主管理 S2.5 女性管理者比例 S2.6 雇员隐私管理 S2.7 反强迫劳动和骚扰虐待 S2.8 多元化和机会平等 S2.9 每年人均带薪年休假天数 S2.10 薪酬与福利体系 S2.11 职业健康管理 S2.12 工作环境和条件保障 S2.13 员工心理健康援助 S2.14 员工培训体系 S2.15 年度培训绩效 S2.16 职业发展通道 S2.17 工作生活平衡 S2.18 困难员工帮扶 S2.19 员工满意度 S2.20 员工流失率

续表

《指南 3.0》		《指南 4.0》	
员工责任 (S2)	S2.23 向兼职工、劳务工和临时工及分包商职工提供同等的健康和安全保护 S2.24 员工职业发展通道 S2.25 员工培训体系 S2.26 员工培训绩效 S2.27 困难员工帮扶投入 S2.28 为特殊人群(如孕妇、哺乳妇女等)提供特殊保护 S2.29 尊重员工家庭责任和业余生活,确保工作生活平等 S2.30 员工满意度 S2.31 员工流失率	员工责任 (S2)	
安全生产 (S3)	S3.1 安全生产管理体系 S3.2 安全应急管理机制 S3.3 安全教育与培训 S3.4 安全培训绩效 S3.5 安全生产投入 S3.6 安全生产事故数 S3.7 员工伤亡人数	安全生产 (S3)	S3.1 安全生产管理体系 S3.2 安全应急管理机制 S3.3 安全教育与培训 S3.4 安全培训绩效 S3.5 安全生产投入 S3.6 安全生产事故数 S3.7 员工伤亡人数
社区责任 (S4)	S4.1 评估企业进入或退出社区时对社区环境和社会的影响 S4.2 新建项目执行环境和社会影响评估的比率 S4.3 社区代表参与项目建设或开发的机制 S4.4 企业开发或支持运营所在社区中的具有社会效益的项目 S4.5 员工本地化政策 S4.6 本地化雇佣比例 S4.7 按主要运营划分,在高层管理者中本地人员的比率 S4.8 本地化采购政策 S4.9 企业公益方针或主要公益领域 S4.10 企业公益基金/基金会 S4.11 海外公益 S4.12 捐赠总额 S4.13 企业支持志愿者活动的政策、措施 S4.14 员工志愿者活动绩效	社区责任 (S4)	S4.1 社区沟通和参与机制 S4.2 员工本地化政策 S4.3 本地化雇佣比例 S4.4 本地化采购政策 S4.5 支持社区妇女、土著居民、农户、牧民和渔民的发展 S4.6 公益方针或主要公益领域 S4.7 建立企业公益基金/基金会 S4.8 捐赠总额 S4.9 打造品牌公益项目 S4.10 支持志愿者活动的政策、措施 S4.11 员工志愿者活动绩效 S4.12 助力精准扶贫 S4.13 扶贫专项资金投入 S4.14 脱贫人口数量

（五）环境绩效（E 系列）

表 1-6 《指南 4.0》与《指南 3.0》的环境绩效对比

《指南 3.0》		《指南 4.0》	
绿色运营（E1）	E1.1 建立环境管理组织体系和制度体系 E1.2 环保预警及应急机制 E1.3 参与或加入环保组织或倡议 E1.4 企业环境影响评价 E1.5 环境总投资 E1.6 环保培训与宣传 E1.7 环保培训绩效 E1.8 环境信息公开 E1.9 与社区沟通环境影响及风险的程序和频率 E1.10 绿色办公措施 E1.11 绿色办公绩效 E1.12 减少公务旅行节约的能源 E1.13 绿色建筑和营业网点	绿色管理（E1）	E1.1 环境管理体系 E1.2 环保预警及应急机制 E1.3 环保技术研发与应用 E1.4 环境指标统计核算体系方法 E1.5 环保培训和宣教 E1.6 建设绿色供应链 E1.7 支持绿色低碳产业发展 E1.8 环保总投资 E1.9 应对气候变化 E1.10 碳强度 E1.11 非化石能源比重 E1.12 碳汇
绿色工厂（E2）	E2.1 建立能源管理体系 E2.2 节约能源政策措施 E2.3 全年能源消耗总量 E2.4 企业单位产值综合耗能 E2.5 企业使用新能源、可再生能源或清洁能源的政策、措施 E2.6 新能源、可再生能源或清洁能源使用量 E2.7 减少废气排放的政策、措施或技术 E2.8 废气排放量及减排量 E2.9 减少废水排放的制度、措施或技术 E2.10 废水排放量及减排量 E2.11 减少废弃物排放的制度、措施或技术 E2.12 废弃物排放量及减排量 E2.13 发展循环经济政策、措施 E2.14 再生资源循环利用率 E2.15 建设节水型企业 E2.16 年度新鲜水用水量/单位工业增加值新鲜水耗 E2.17 中水循环使用量	绿色生产（E2）	E2.1 绿色设计 E2.2 采购和使用环保原材料 E2.3 提高能源使用效率 E2.4 全年能源消耗总量及减少量 E2.5 单位产值综合耗能 E2.6 使用清洁能源的政策、措施 E2.7 清洁能源使用量 E2.8 节约水资源政策、措施 E2.9 年度新鲜水用水量 E2.10 单位工业增加值新鲜水耗 E2.11 减少废气排放的政策、措施或技术 E2.12 废气排放量及减排量 E2.13 减少废水排放的制度、措施或技术 E2.14 废水排放量及减排量 E2.15 减少废弃物排放的制度、措施或技术 E2.16 废弃物排放量及减排量 E2.17 发展循环经济政策、措施 E2.18 循环经济发展绩效 E2.19 绿色包装 E2.20 制成品所用包装材料的总量（以吨计算）及（如适用）每单位占量

续表

	《指南3.0》		《指南4.0》	
绿色工厂 (E2)	E2.18	减少温室气体排放的计划及行动		
	E2.19	温室气体排放量及减排量		
绿色产品 (E3)	E3.1	供应商通过 ISO14000 环境管理体系认证的比例	绿色生产 (E2)	E2.21 绿色运输
	E3.2	提升供应商环境保护意识和能力的措施		E2.22 产品/人力运输过程中对环境的影响
	E3.3	供应商受到环保方面处罚的个数和次数		E2.23 节约能源政策措施
	E3.4	支持绿色低碳产品的研发与销售		E2.24 减少温室气体排放的计划及行动
	E3.5	废旧产品回收的措施和绩效		E2.25 温室气体排放量及减排量
	E3.6	包装减量化和包装物回收的政策和绩效		
绿色生态 (E4)	E4.1	保护生物多样性	绿色运营 (E3)	E3.1 绿色办公措施
	E4.2	在工程建设中保护自然栖息地、湿地、森林、野生动物廊道、农业用地		E3.2 绿色办公绩效
				E3.3 生态恢复与治理
	E4.3	生态恢复与治理		E3.4 保护生物多样性
	E4.4	生态恢复治理率		E3.5 零净砍伐
	E4.5	环保公益活动		E3.6 环保公益活动

（六）报告后记（A 系列）

表 1－7 《指南 4.0》与《指南 3.0》的报告后记对比

	《指南3.0》		《指南4.0》
		（A1）	未来规划：公司对社会责任工作的规划
（A1）	未来规划：公司对社会责任工作的规划	（A2）	关键绩效：企业年度社会责任关键数据的集中展示
		（A3）	企业荣誉：企业年度社会责任重要荣誉的集中展示
（A2）	报告评价：社会责任专家或行业专家、利益相关方或专业机构对报告的评价	（A4）	报告评价：社会责任专家或行业专家、利益相关方或专业机构对报告的评价
（A3）	参考索引：对本指南要求披露指标的采用情况	（A5）	参考索引：对本指南要求披露指标的采用情况
（A4）	意见反馈：读者意见调查表及读者意见反馈渠道	（A6）	意见反馈：读者意见调查表及读者意见反馈渠道

第二章　石油化工业社会责任

石油化工业主要包括油气勘探、油气田开发、钻井工程、采油工程、油气集输、原油储运、石油炼制、化工生产、油品/化工销售等，生产社会需要的汽油、煤油、柴油、润滑油、化工原料、合成树脂、合成橡胶、合成纤维、化肥等多种石油、化工产品。

一、石油化工业在国民经济中的地位

石油化工业是关系国民经济和社会发展全局的重要基础性产业，它为农业、能源、交通、机械、电子、纺织、轻工、建筑、建材等工农业和人民日常生活提供配套和服务，在国民经济中占有举足轻重的地位。《"十三五"规划纲要》中指出，建设现代能源体系，要深入推进能源革命，着力推动能源生产利用方式变革，优化能源供给结构，提高能源利用效率，建设清洁低碳、安全高效的现代能源体系，维护国家能源安全。石油化工业作为能源的主要供应者，对于完善现代能源体系和维护国家能源安全具有重要作用。近年来，石油化工业在整体保持平稳发展的同时，也存在许多挑战和制约因素。国家工信部原材料工业司数据显示，截至2018年末，石油和化工行业全年增加值同比增长4.6%；主营业务收入12.40万亿元，同比增长13.6%；利润总额8393.8亿元，同比增长32.1%，分别占全国规模工业主营收入和利润总额的12.1%和12.7%；出口交货值7018.7亿元，同比增长22.0%。[①] 总体表现为：生产平稳，增加值持续增长；市场供需

---

① 工信部：《2018年石化化工行业经济运行情况》，2019年1月。

稳定，价格总水平涨势明显；利润保持较快增长，成本继续下降，行业整体效益延续较好态势。可见，石油化工业的经济运行情况对国民经济发展具有重要的影响。同时，由于石油化工业的行业特殊性，涉及的产业链长和相关产业多，在吸纳就业和带动相关产业发展等方面具有显著作用。

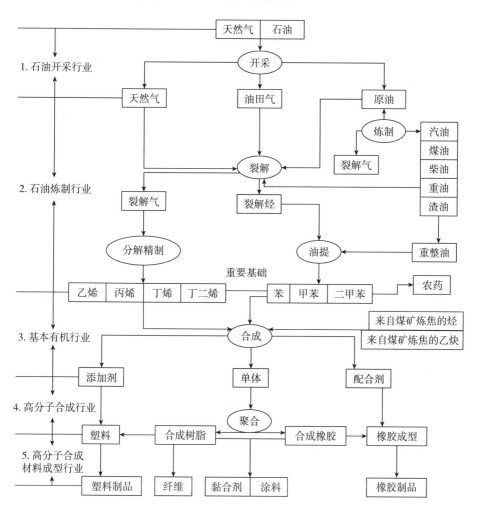

图 2-1 石油化工产品链

（一）石油化工业为国民经济运行提供能源和基础原材料保障

石油化工产品与人们的生活密切相关，大到太空的飞船、天上的飞机、海上的轮船、陆地上的火车和汽车，小到我们日常使用的电脑、办公桌、牙刷、毛巾、食品包装容器、多彩多姿的服饰、各式各样的建材与装潢用品及变化多端的游乐器具等，都跟石油化工有着密切的关系。可以说，我们日常生活中的"衣、食、住、行"样样都离不开石油化工产品。

表 2 - 1　我国能源生产与消费情况（2017 年）

产品名称	占能源生产总量比重（%）	占能源消费产量比重（%）
石油	7.6	18.8
天然气	5.4	7.0

数据来源：国家统计局：《中国统计年鉴》（2018）。

表 2 - 2　我国主要化工产品产量及增长速度（2018 年）

产品名称	产量	较 2017 年增长（%）
化肥（折纯）（万吨）	5459.6	-5.2
硫酸（万吨）	8636.4	1.8
烧碱（万吨）	3420.2	0.9
多晶硅（万吨）	32.5	2.5
乙烯（万吨）	1841.0	1.0
纯苯（万吨）	827.6	4.7
甲醇（万吨）	4756.0	2.9
合成材料（亿吨）	1.58	7.5
轮胎（亿条）	8.16	1.0

数据来源：工信部：《2018 年石化化工行业经济运行情况》。

表 2 - 3　按行业分能源消费量（2016 年）

行业　　　能源	原油（万吨）	汽油（万吨）	煤油（万吨）	柴油（万吨）	燃料油（万吨）	天然气（亿立方米）
农、林、牧、渔业	—	224.39	2.24	1495.86	1.03	1.09
采掘业	787.88	36.27	2.17	436.21	38.78	153.56
制造业	55215.45	368.90	17.72	917.52	2989.60	770.64
电力、煤气及水生产和供应业	0.26	31.15	0.07	59.17	7.04	414.40
建筑业	—	437.26	10.00	561.26	51.91	1.95
交通运输、仓储和邮政业	22.34	5511.15	2814.94	11068.48	1511.38	254.77

续表

能源 行业	原油 （万吨）	汽油 （万吨）	煤油 （万吨）	柴油 （万吨）	燃料油 （万吨）	天然气 （亿立方米）
批发、零售业和住宿、餐饮业	—	240.86	11.21	231.97	17.25	53.75
其他行业	—	2046.40	85.93	1307.24	14.06	48.17
生活消费	—	2969.67	26.43	761.31	—	379.75

数据来源：国家统计局：《中国统计年鉴》（2018）。

根据表2-1、表2-2和表2-3，石油化工业的生产总量和消费量总体呈增长趋势，以其为基础原材料的化工产品产量总体也呈增长趋势。石油化工业为采掘业，制造业，电力、煤气及水生产和供应业，建筑业，交通运输、仓储和邮政业，生活消费等行业提供能源和原材料，如为现代交通运输业提供燃料和原材料，其中塑料、橡胶、涂料及黏合剂等石油化工产品已广泛用于交通工具，降低了制造成本，提高了使用性能；为建材工业提供铺地材料、涂料；为电子工业提供精细化工产品；为服装服饰提供化学纤维等。可以说，石油化工业是关系国计民生和国家安全的基础工业和战略性产业。

（二）石油化工业是国民经济实现可持续发展的中坚力量

石油化工业作为基础性工业，不仅为国民经济运行提供重要的能源和原材料保障，而且在扩大社会就业、带动相关产业发展、促进产业升级等方面发挥着极为重要的作用，是国民经济实现可持续发展的中坚力量。

从图2-2可以看出，石油化工业具有产业链长的行业特点，并且在一些细分领域仍是劳动密集型行业，这使其在吸纳和带动就业方面发挥了重要作用。石油化工业在勘探开发、油气田开发、钻井工程、采油工程、油气集输、原油储运、石油炼制、化工生产、油品销售等环节为社会创造了大量的就业机会，对于保持国民经济持续发展、社会和谐稳定、生活条件改善具有至关重要的作用。

石油化工业从产业内部分工和供需关系出发，形成了石油化工业垂直的供需链和横向的协作链条关系，其庞大的产业体系带动了相关产业的发展。如石油化工业上游的勘探开发、生产等业务为中游石化产品制造提供原材料的同时，带动了专用机械设备制造、管道建设、交通运输业等产业发展；石油化工业为农业、能源、交通、机械、电子、纺织、轻工、建筑、建材等工农业和人民日常生活提供生产和生活材料，为各行业发展奠定坚实的基础的同时，自身炼化业务也带动专用机械设备制造、交通运输业、电力供应等行业发展。

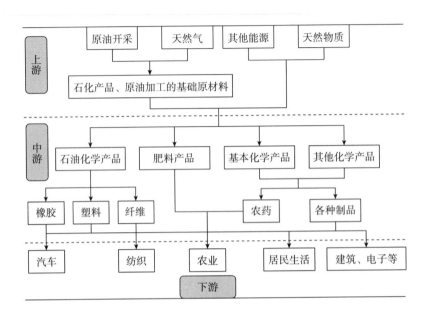

图 2－2　石化产业链基本框架

《石化和化学工业发展规划》明确指出，2020 年我国居民人均收入将比 2010 年翻一番，社会整体消费能力将增长 120% 以上，居民消费习惯也将从"温饱型"向"发展型"转变，对绿色、安全、高性价比的高端石化化工产品的需求增速将超过传统产业。我国石油化工业需要加大技术创新力度，推动先进技术设备、中高端产品和新产品的研发和使用，带动产业结构优化升级，提升行业竞争力，推动我国国民经济实现可持续发展。

二、石油化工业履行社会责任的意义

改革开放以来，我国石油化工业发展取得了长足进步，基本满足了经济社会发展和国防科技工业建设的需要，但在技术创新、产业结构、绿色发展等方面仍有很大的提升空间。作为国民经济的重要支柱产业，石油化工企业必须更加重视履行社会责任，加强和推进社会责任管理，提升企业竞争力，实现可持续发展。

（一）助力社会可持续发展

党的十九大报告指出，我国社会主要矛盾已经转化为人民日益增长的美好生活需要和不平衡不充分的发展之间的矛盾；强调加快创新型国家的建设要建立以企业为主体、市场为导向、产学研深度融合的技术创新体系；着力解决突出环境问题要构建政府为主导、企业为主体、社会组织和公众共同参与的环境治理体系，都对企业履行社会责任提出了新要求。企业履行社会责任已经上升到国家战略层面，是适应新时代经济社会发展趋势的必然要求，也是推动社会可持续发展的重要途径。

作为国民经济的基础和支柱型产业，石油化工业必须响应国家政策要求，将履行社会责任放到企业发展的战略高度。石油化工业企业应主动履行市场责任，加大技术创新、保障能源和基础原材料供应，为促进国民经济平稳运行奠定坚实的基础；履行环境责任，将生态环境要素纳入企业经营过程中，响应国家生态文明建设，遵守产业、环境关键指标要求，同时积极研发环保节能设备与技术、践行节能减排、发展循环经济、应对气候变化、开展环保公益等；履行社会责任，企业应该发挥自身的优势，积极开展社会公益活动，参与慈善事业，促进社会的和谐与稳定。通过履行社会责任，构建经济稳定、环境良好、社会和谐的发展状态，推动社会整体进步和可持续发展。

（二）推动行业可持续发展

可持续发展是一种注重长远发展的经济增长模式，其原则是经济发展的渐进性、持续性，为追求经济效益，在制定经济发展战略的同时必须兼顾环境、资源等因素。因此，对于一个产业而言，若要实现可持续发展，就必须在追求经济增长的同时，将科技创新、环境保护等纳入企业运营中。

我国经济发展正处于增速换挡、结构调整、动能转换的关键时期，石油和化学工业进入新的增长动力孕育、传统增长动力减弱并存的转型阶段，行业发展的安全环保压力和要素成本约束日益突出，供给侧结构性改革、提质增效、绿色可持续发展任务艰巨。这些问题的存在，对我国石油化工业履行社会责任提出更多新的、具有挑战性的要求。因此，石油化工业必须推进行业创新能力提升，保障能源供应，提高能源效率，降低能源对外依存度；通过技术创新，推动产业结构优化和升级，淘汰落后产能，研发精细化和专业化产品、新技术产品，提升行业竞争力；遵循环保法律法规，践行节能减排和发展循环经济，减轻社会大众对石油化工业环保问题的担忧，营造健康绿色的生活环境；加大安全生产投入力度，做好安全隐患排查与治理等工作，预防安全生产事故的发生，提升行业安全管理水平。石油化工企业应通过履行社会责任，解决当前面临的问题和挑战，引领行业的可持续发展。

（三）促进企业可持续发展

企业社会责任已经成为全球企业提升竞争力和企业品质的核心要素，是实现企业自主创新与可持续发展的客观要求。石油化工企业应主动积极地履行社会责任，对内加强企业社会责任管理，对外关注关键利益相关方期望并给予回应，通过二者的结合，共同促进企业可持续发展。

对企业内部管理而言，石油化工企业通过履行社会责任，全面梳理企业在履行经济、社会、环境方面的责任绩效，分析履责实践过程中的不足与经验，以便改进和完善今后的工作，促进企业更好地履行社会责任；企业通过履行社会责任，提升责任意识，将企业社会责任管理纳入企业日常生产经营活动、企业管理中，真正将履行社会责任内化为企业的自觉行动；企业通过对标先进行业或企业的社会责任实践，为企业发现问题、规避风险、寻求机遇和迎接挑战提供新的视角，进一步提升企业的综合实力。

对企业外部管理而言，石油化工企业履行社会责任，要积极回应股东、客户、员工、政府、合作伙伴等利益相关方的期望。如企业对股东承担社会责任，要保护股东权益和提高财务绩效等；企业对客户承担社会责任，要保障能源与原材料供应、确保产品质量与安全、创新产品和服务、提高客户的满意度和认可度等；企业对员工承担责任，要保障员工基本权益、促进职业健康与发展、关爱员工生活等；企业对政府承担社会责任，要积极响应国家政策、带动社会就业等；企业对合作伙伴承担社会责任，要坚守诚信经营理念、促进共赢等。通过这些措施回应，促进企业与利益相关方的共同可持续发展。

三、石油化工业社会责任特征及要求

近年来，随着国际共识的提高、国家政策的引导、企业履责意识的增强以及社会舆论监督力度的加大，履行企业社会责任已经达成共识，一些大型企业将社会责任管理融入企业管理，形成企业社会责任管理体系，纳入企业绩效考核，有力推动了企业履行社会责任。在履行社会责任的过程中，各行各业呈现出不同的履责特征和要求，提出了差别化的社会责任议题。石油化工业在保障产品可持续供应、加强科技创新、建设生态文明、安全生产与职业健康、供应链责任等方面表现出了特殊的行业特征和履责要求。

（一）保障产品可持续供应

石油化工业是国民经济的重要支柱产业，为农业、能源、交通、机械、电子、轻工、建筑、建材、国防等各行业发展提供能源及原材料，是现代社会发展的"基石"。因此，保障产品可持续供应，是石油化工企业最本质的社会责任。

面临石化能源总体有限、社会能源需求不断增长之间的供需矛盾，以及在能源生产与消费过程中带来的环境污染、气候变化等新挑战，石油化工企业要通过深化科技创新、持续提高常规油气资源开发及利用效率，保障基础能源供应；加大清洁能源投资与开发，推进油品质量升级，拓展页岩气、煤层气、致密油等非常规能源，加大电能、天然气等清洁能源开发，促进生物质能开发利用，为社会供应多元化能源，努力提高清洁能源在能源供应中的比重，构建稳定、安全、清洁、经济的能源供应体系，为人类社会的繁荣发展提供能源和动力。

石化和化工行业经济总量大，产业关联度高，与经济发展、人民生活和国防军工等密切相关，在我国工业经济体系中占有重要地位。我国已成为世界第一大化学品生产国，甲醇、化肥、农药、氯碱、轮胎、无机原料等重要大宗产品产量位居世界首位。但是，我国石化和化学工业结构性矛盾较为突出。乙烯、对二甲苯、乙二醇等为代表的大宗基础原料和高技术含量的化工新材料、高端专用化学品国内自给率偏低，工程塑料、高端聚烯烃塑料、特种橡胶、电子化学品等高端产品仍需大量进口；科技投入整体偏低，原始创新能力不强，缺乏前瞻性技术创新储备，达到国际领先水平的核心技术较少，行业创新能力不足。

"十三五"期间，在稳步推进新型城镇化和消费升级等因素的拉动下，我国石油化工产品市场需求仍将进一步加大，特别是伴随着战略性新兴产业和国防科技工业的发展，制造业新模式、新业态的涌现，人口老龄化加剧以及消费需求向个性化、高端化转变，亟须绿色、安全、多样、高性价比的高端石油化工产品。因此，石油化工企业应坚持把科技创新作为引领企业发展的第一动力，并在加大化工产品研发力度，努力提高多元化产品供应能力的基础上，提高产品循环使用率，降低物耗能耗，满足国民经济发展需求。

（二）节能减排与应对气候变化

石油化工业产品广泛覆盖到人类的生产和生活中，为人们的生活带来极大的便利，但是其属于高耗能、高污染、高排放行业，对能源资源利用、污染物排放、气候变化都有很大影响。石化行业生产过程条件苛刻，对高温、高压、低温和水、电等资源需求量大；石化行业因其生产使用的原料、中间产品、最终产品、副产品大多为危险化学品，在生产过程中经过多道化学程序，易产生二氧化硫、氮氧化物等有毒有害气体、烟尘、工业粉尘、噪声、含油污水、有毒有害废弃物等，如果处理不当，会严重危害生态环境，如雾霾天气、水污染、固体废弃物污染、地下水污染、噪声污染等；同时，在能源消耗、产品使用、废气排放过程中，产生的包含二氧化碳在内的温室气体，会加剧温室效应，使全球气温上升，威胁人类生存。石油化工企业履行环境责任不仅必要，而且迫切。

国务院在《印发〈"十三五"节能减排综合工作方案〉的通知》时指出，要坚持政府主导、企业主体、市场驱动、社会参与的节能减排工作格局。进一步明确企业主体责任，严格执行节能环保法律法规和标准，细化和完善管理措施，落实节能减排目标任务。《石化和化学工业发展规划（2016～2020年）》明确提出，要坚持绿色发展，发展循环经济，推行清洁生产，加大节能减排力度，推广新型、高效、低碳的节能节水工艺，积极探索有毒有害原料（产品）替代，加强重点污染物的治理，提高资源能源利用效率，力争"十三五"末，万元GDP用水量下降23%，万元GDP能源消耗、二氧化碳排放降低18%，化学需氧量、氨氮排放总量减少10%，二氧化硫、氮氧化物排放总量减少15%，重点行业挥发性有机物排放量削减 30% 以上。

石油化工企业要承担起节能减排工作的主体任务，认真履行环境责任，采取积极的节能减排措施，加强产品的绿色全生命周期管理，降低温室气体排放，降低企业在生产、运营、消费等过程中对环境的负荷。在能源开发与产品研发阶段，积极开发利用清洁能源、减少或禁止使用有毒有害物质，研发环境友好型化工产品，从"源头控制"能源和化工产品使用过程中的温室气体排放，降低对环境的危害；在采购阶段，采购低碳环保材料；在生产阶段，积极研发和使用环保技术和设备，加大高耗能设备改造与淘汰，降低能源消耗，提高能源资源使用率，节约能源资源（包括水、电等）；积极采用诸如污水净化、脱硫脱硝等环保技术，减少"三废"（废水、废气、废弃物）排放，注重废水、废气、废弃物的循环再利用，发展循环经济；在运输阶段，推行绿色运输，推广绿色包装与包装回收再利用，合理规划运输线路，降低在运输过程中排放的温室气体；在使用阶段，向消费者普及产品环保知识，并注明产品环保期限，且通过前期的绿色环保产品设计，提高产品效能，同时，降低产品在使用过程中产生的排放等温室气体。在回收阶段，制定科学的废旧产品回收处理机制，促进产品的循环再利用。此外，石化企业应积极响应新形势发展，加大碳减排技术研发，发展二氧化碳驱油与埋存等重要低碳技术，降低自身生产运营中的碳排放；积极推进市场化节能减排，参与碳市场交易。企业必须在产品全生命周期管理中的每一个环节注重环保，降低企业在运营过程中对环境的负面影响。

（三）安全生产与职业健康

石油化工业由于产业的特殊性，是高风险行业。生产过程中使用的原材料、辅助材料、半成品和成品，如原油、天然气、液态烃、乙烯等，绝大多数属易燃、有毒有害物质，一旦泄漏，易发生燃烧、爆炸与中毒事件；生产工艺中多涉及危险化学品，如有毒有害气体、烟尘、工业粉尘、噪声等职业健康危险因素，影响人体健康；生产过程中还需要经历很多物理、化学过程和传质、传热单元操作，一些过程条件异常苛刻，如高温、高压、低温、真空等，对石化生产设备的制造、维护以及人员素质提出了严格要求，任何一个小的失误都有可能导致灾难性后果；石油化工业具有装置大型化、生产规模大、连续性强的特点，某一环节发生故障或操作失误，就会牵一发而动全身。此外，由于石化装置技术复杂、设备制造、安装成本高，装备资本密集，一旦发生事故，则损失巨大。因此，石油化工行业采取有效措施保障企业安全生产、防治从业人员的职业健康与安全，是企业社会责任的重要内涵。

石油化工企业必须采取多种措施保障企业安全生产与员工职业健康。例如，增强石化企业安全生产与职业健康意识，做到预防为主，防治结合，综合治理；建立健全安全与职业健康管理体系，如职业健康与安全委员会、职业健康安全管理体系、安全生产管理制度、安全风险管控机制、事故预防与安全应急机制、设备安全管理、运输安全管理等，从组织与制度上保障企业员工职业健康与安全工作的顺利推进；开展安全与职业健康培训，培育安全与健康文化，宣传、普及安全与职业卫生知识，提高企业员工的职业病防范意识和自我保护能力；推进员工健康体检，建立员工健康档案，及时发现并预防职业病的发生；加强企业安全生产投入，做好安全隐患排查、安全应急演练等工作，确保企业与员工安全，降低企业运营风险。

（四）科技创新

如前文所述，当前面临着化石能源有限、能源需求不断增长的供需矛盾，以及在能源生产与消费过程中产生的环境污染、气候变化等挑战，要求石油化工企业在提高常规能源供应与利用率的基础上，加大清洁能源、新能源开发，改善能源生产和消费结构。目前，剩余探明可采储量多为低渗、岩性等难采油气藏，新增油气储量品位日益下降，勘探开发环境日益复杂，开采难度不断增大，这些客观因素导致对石油化工企业的油气勘探开发技术要求很高。对于诸如页岩气、煤层气、地热能、生物燃料的开发与研究，我国石油化工企业在储备技术和经验上还需要进一步提升和改进。

《石化和化学工业"十三五"规划》明确指出，石油化工行业创新能力不足，科技投入整体偏低，原始创新能力不强，缺乏前瞻性技术创新储备，达到国际领先水平的核心技术较少。核心工艺包开发、关键工程问题解决能力不强，新一代信息技术的应用尚处于起步阶段，科技成果转化率较低，科技创新对产业发展的支撑较弱。因此，石油化工企业必须加强关键技术和大型成套装备研发，提高科技创新对产业发展的支撑和引领作用；加快化工新材料、石油替代、低碳环保等新兴产业技术的研发和产业化步伐；加大传统产业的技术改造力度，提升产业整体技术与装备水平。

提高石油化工企业科技创新能力，推进产业升级。应该加大科技研发投入，培养技术人才，为提高产业创新能力提供资金和人力保障；完善科技创新体系，搭建创新科技平台，完善科技创新制度管理，以企业为主体，以市场为导向，坚持产学研用相结合，集合多方资源助力科技创新；突破核心关键技术，研发高端技术产品，健全知识产权保护制度与管理，提高产业核心竞争力。

（五）供应链责任

对于石油化工企业而言，其供应链是指通过信息流、物流、资金流的控制，从油气勘探、油气田开发、钻井工程、采油工程、油气集输、原油储运、石油炼制、化工生产到最终产品，最后由销售网络把产品送到消费者手中，将供应商、承包商，直到最终用户连成一个整体的网链结构模式。

由于供应商、承包商是石油化工行业供应链责任的主体，因此，石油化工企业必须从供应商/承包商开发选择、绩效评估、绩效改进、带动履责和共同发展等多方面积极践行供应链责任。如开展供应商、承包商调查和审核，帮助供应商、承包商提高竞争力；制定对供应商、承包商的审核标准，包括对劳工职业健康与安全、产品质量、环境等方面的审核标准；通过沟通、培训和共同改善项目，提升供应商、承包商市场竞争力，促进供应商、承包商得到更好发展。

石油化工企业的社会责任不应局限于企业自身，而要把责任延伸到供应链层面，才能最大程度地促进整个行业的履责绩效。企业应积极采取措施，增强和提升供应商、承包商履行社会责任的意识和能力，带动其践行社会责任，共同为提升产品质量和服务、建设生态文明、促进社会和谐发展贡献力量。

第三章　石油化工行业社会责任报告的特征与趋势

一、国际石油化工行业社会责任报告特征

根据 2018 年国际石油化工企业在《财富》500 强的排名情况，选取以下在可持续发展方面具有优异表现的 5 家企业作为研究对象，并对其报告进行特征分析。5 家国际石油化工企业社会责任报告基本信息如表 3－1 所示。

表 3－1　国际石油化工业对标企业基本信息（2018 年）

公司名称	总部所在地	500 强排名	报告名称	首份社会责任报告发布时间
荷兰皇家壳牌石油公司	荷兰	5	2017 可持续发展报告	1998 年
英国石油公司	英国	8	2018 可持续发展报告	1998 年
埃克森美孚	美国	9	2017 可持续报告发展报告	2002 年
道达尔公司	法国	28	2018 气候报告 2018 人权报告	2004 年
陶氏杜邦公司	美国	147	2018 全球报告倡议组织报告	2014 年

（一）国际石油化工企业对社会责任报告重要性认识较早，全面反映企业在责任管理、实践和绩效方面的表现

如表 3－1 所示，国际石油化工企业的首份企业社会责任报告普遍出现较早，且历史悠久。例如，荷兰皇家壳牌石油公司（SHELL）及英国石油公司首份企业可持续报告发布于 1998 年，并连续 21 年坚持向相关利益方披露社会责任信息。美国埃克森美孚、法国道达尔分别于 2002 年、2004 年起发布社会责任报告。这体现了国际石油化工企业对企业社会责任报告编制及披露重要性的认识和关注，

在发布社会责任报告方面发挥了很好的带动作用。

国际石油化工企业社会责任报告普遍将篇幅重点放在产品供应、节能环保、安全生产、社区责任上，这同时体现了石油化工业的行业特性。5家国际石油化工样本企业的社会责任报告都披露了产品供应、节能环保、安全生产和社区责任的内容。同时，在产业链责任、责任治理与可持续发展战略方面也有较好表现，丰富的报告内容向利益相关方传递出更多企业社会责任信息，积极回应了利益相关方关切。以美国陶氏杜邦公司为例，报告详细披露了公司治理、经济责任、环境责任、社会责任、供应链责任、产品管理、安全运营等议题。

（二）报告注重绩效数据披露，且完整性、平衡性强，与利益相关方真诚沟通

国际石油化工企业社会责任报告十分注重报告数据的披露，以说明企业社会责任成效。如荷兰皇家壳牌石油公司2017可持续发展报告中，将数据分为环境数据和社会与安全数据进行披露，其中，环境数据披露了温室气体、有害气体排放量和水资源使用量等，社会与安全数据披露了安全、劳工信息、社会投资金额等，此外还披露了死亡人数和伤害事故处理情况等负面数据信息，增强了报告的平衡性。埃克森美孚2017可持续报告也披露了社会责任数据，其中，安全、健康和工作环境数据披露了死亡人数、致命事件率以及员工人数、女性员工数等信息；管理气候变化风险数据披露了温室气体、有害气体排放量等；环境表现数据披露了管理野生动物栖息地、淡水回收数量等；社区参与和人权数据披露了社区投资金额、在美国以及国外的投资金额；本地开发和供应链管理数据披露了埃克森美孚与供应商的合作金额；政府合作数据披露了采掘业透明度倡议（EITI）参与国数目、企业政治捐款数量等。

国际石油化工企业通过披露企业社会责任核心议题的关键数据，直观说明了企业在履行社会责任，推进可持续发展过程中的实际行动和绩效，强化了报告内容的可信度和说服力。

（三）报告形式多样，从发布社会责任报告到发布专项报告，并发布多语种和简版报告

国际石油化工业企业从发布包含企业可持续发展框架、产品责任、健康责

任、安全责任、环境责任、社区责任等在内的具有综合性特点的报告，到就人权、气候、环境、管治等发布议题专项实践报告，报告类型及内容更加丰富，为利益相关者传递更多企业社会责任信息。例如，法国道达尔公司 2018 年就气候、人权发布专项报告；美国埃克森美孚 2017 年分别就创新能源解决方案、能源及碳收集、雇员多元化等分别发布报告，进行了详细阐述。专项报告更聚焦核心议题，能从战略、实践、绩效到展望全面反映企业履责进展，并能针对性地向关注该议题的利益相关方传递相关责任信息。

国际石油化工企业立足全球发展，为增强与业务所在地沟通及交流，多家企业发布多语种社会责任报告、区域性社会责任报告。例如，壳牌公司自 2005 年起发布多语种可持续发展报告，并于 2007 年发布多语种简版报告，2013 年可持续发展报告有 9 种语言。埃克森美孚在发布多语种企业公民报告以外，发布太平洋地区企业公民报告，覆盖澳大利亚、新西兰、巴布新几内亚及各太平洋岛屿。

（四）报告注重呈现形式，可读性较好，表现富有张力

国际石油化工企业社会责任报告在排版和设计上普遍较为多样，充分展现企业特征。不同章节内容之间的区分均通过使用数字或者字体、颜色等对不同级别的内容进行区分，得到较好的处理，一定程度上便于利益相关方阅读，利于提升报告的可读性。如英国 BP 在每节内容的设计风格和色彩追求简洁明了的基础上，注重通过展现企业关键绩效的提出和再设计突出公司年度履责亮点，显著提升了利益相关方对报告关键内容的获取，促进了报告内容的传播和沟通。如图 3 - 1 所示。

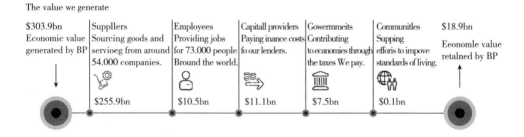

图 3 - 1　英国石油公司核心数据展示方式

二、国内石油化工行业社会责任报告特征

根据国内石油化工企业发布社会责任报告的情况，我们选择了包括中国石油化工集团有限公司、中国石油天然气集团有限公司、中国中化集团有限公司、中国化工集团有限公司、中国 LG 化学共 5 家企业作为样本进行特征分析，如表 3-2 所示。

表 3-2　国内石油化工业对标企业基本信息

公司名称	企业性质	首份报告发布年度	最新发布报告页数
中国石油化工集团有限公司	国有	2006	120
中国石油天然气集团有限公司	国有	2006	73
中国中化集团有限公司	国有	2006	91
中国化工集团有限公司	国有	2006	80
中国 LG 化学	外资	2012	91

通过观察国内石油化工企业社会责任报告的基本情况和趋势，我们总结和分析了国内石油化工企业社会责任报告的四个特征：一是报告内容日益充实，行业特色明显；二是报告注重绩效数据披露，有效提高说服力；三是报告议题与国际保持同步，同时具有自身特色；四是发布专项报告，持续完善报告体系。

（一）报告内容日益充实，行业特色明显

国内石油化工企业社会责任报告的内容日益充实，并且具有明显的行业特色。例如，中国石化社会责任报告的页码从首份报告的 60 页增加到 2018 年的 120 页，内容也从保障供应责任、安全环保责任、员工发展责任、奉献社会责任四大部分，增加为能源供应、绿色低碳、伙伴责任、回馈社会、境外履责和责任管理六大部分，内容更加全面，结构更加合理。中国 LG 化学社会责任报告的页码从首份报告的 62 页增加到 2018 年的 91 页，报告涵盖了客户责任、安全生产、环境保护、员工责任、社会责任、责任管理等，内容不断完善，彰显行业特色。

可见，国内石油化工行业社会责任报告内容的丰富性、全面性在稳步提升。

（二）报告注重绩效数据披露，有效提高说服力

近年来，国内石油化工企业社会责任报告开始注重绩效数据的披露。中国石化和中国石油作为国内石油化工行业的领先企业，近年的社会责任报告都对关键绩效数据进行了披露。其中，中国石化2018社会责任报告披露了经济、环境和社会三大核心议题共39项数据指标；中国石油2017社会责任报告披露了财务与运营、安全、环境、员工和社会公益方面共37项数据指标，向利益相关方展示了本年度企业履行社会责任的关键数据信息，有效提高了报告说服力。

（三）报告议题与国际保持同步，同时具有自身特色

表3-3 国内石油化工企业社会责任报告聚焦的实质性议题

企业 \ 关键议题	产品供应	环境保护	安全生产	员工责任	伙伴责任	社会公益
中国石油化工集团有限公司	√	√	√	√	√	√
中国石油天然气集团公司	√	√	√	√	√	√
中国中化集团有限公司	√	√	√	√	√	√
中国化工集团有限公司	√	√	√	√	√	√
中国LG化学	√	√	√	√	√	√

从表3-3可以看出，国内石油化工企业关注的社会责任议题主要包括产品供应、环境保护、安全生产、员工责任、伙伴责任以及社会公益，议题全面且与国际石油化工企业保持同步。在产品供应方面，国内石油化工企业重点披露在保障能源安全和清洁能源开发方面的实践。例如，中国石化2018年社会责任报告中披露了公司在常规油气能源与化工产品供应、非常规能源与新能源供应等满足经济社会发展需要的履责做法。在环境保护方面，国内石油化工企业重点披露生产过程碳排放、碳减排技术研发、推进节能减排降碳等方面的实践。例如，中国石油2017企业社会责任报告披露了提供清洁低碳、可负担得起的能源以及科技创新提高资源利用效率等履责做法。此外，在安全生产、员工责任、伙伴责任和

社会公益方面，国内石油化工企业也积极披露履责绩效，同时，结合中国国情，在服务国家战略、推进精准扶贫等方面积极开展履责行动。总体来看，国内石油化工企业的报告议题在与国际保持同步的同时，也符合中国实际，具有自身特色。

（四）发布专项报告，持续完善报告体系

国内石油化工企业在发布年度社会责任报告或可持续发展报告的同时，也开始聚焦具有中国特色的特殊社会责任议题，发布了精准扶贫、环境保护和区域性等专项报告，有效补充了社会责任报告的体系生态，更加全面地披露了企业履责情况。例如中国石化近年来相继发布了《中国石化精准扶贫白皮书（2002～2016）》《中国石化精准扶贫白皮书（2017～2018）》《中国石化在西藏（2002～2017）》《中国石化在新疆（1978～2018）》等专项社会责任报告，丰富了企业社会责任报告披露方式，使利益相关方更加全面地了解企业的履责行动和履责绩效。如图3－2所示。

中国石化精准扶贫白皮书　中国石化精准扶贫白皮书　　中国石化在西藏　　　中国石化在新疆
（2002~2016）　　　　（2017~2018）　　　（2002~2017）　　　（1978~2018）

图3－2　中国石化扶贫报告体系

第四章　报告指标详解

一、报告前言（P系列）

报告前言板块依次披露报告规范、高管致辞、责任聚焦和企业简介（见图4-1）。

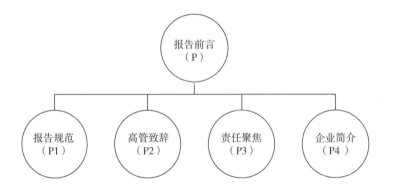

图4-1　报告前言包括的二级板块

（一）报告规范（P1）

P1.1　质量保证

【指标解读】：报告质量保证程序是指企业在编写社会责任报告的过程中通过什么程序或流程确保报告披露信息正确、完整、平衡。

示例：

本报告是公司2018年度履行经济、环境和社会三大责任的真实反映。

编写原则：客观、规范、程序、透明、实质性。

信息来源：公司文件、统计报告及所属企事业单位履责情况汇总和统计。所有信息内容均经过公司管理层、主管部门和各所属企事业单位审核。

——《中国石油天然气集团有限公司2018社会责任报告》（封一）

P1.2　信息说明

【指标解读】：主要要素包括：

● 应披露此报告为第几份社会责任报告、报告发布周期、报告参考标准和数据说明。

● 应解释主要报告信息和数据覆盖的范围，如是否覆盖下属企业、合资企业以及供应链。由于各种原因（如并购、重组等），一些下属企业或合资企业在报告期内无法纳入社会责任报告的信息披露范围，企业必须说明报告的信息边界。此外，如果企业在海外运营，需在报告中说明哪些信息涵盖了海外运营组织。

● 如果企业报告涵盖供应链，需对供应链信息披露的原则和信息边界做出说明。

●解答报告及其内容方面的问题联络人及联络方式、报告获取方式、延伸阅读。

示例：

组织范围

本报告覆盖中国石油化工集团公司（或"中国石化""公司""我们"）及其所属单位在经济、社会和环境等方面的工作绩效。

时间范围

2018年1月1日至2018年12月31日，部分内容超出上述范围。

发布周期

中国石化社会责任报告为年度报告。本报告是公司发布的第 12 份社会责任报告。

参考标准

联合国可持续发展目标（SDGs）。

全球报告倡议组织（GRI）《可持续发展报告指南》（G4）。

国际石油工业环境保护协会（IPIECA）和美国石油学会（API）《石油和天然气行业自愿发布可持续发展报告指南》。

国务院国有资产监督管理委员会《关于国有企业更好履行社会责任的指导意见》。

中国社会科学院《中国企业社会责任报告编写指南 3.0 之石油化工业指南》。

中国可持续发展工商理事会《中国企业社会责任推荐标准和实施范例》。

信息说明

本报告所用信息及数据均来自公司正式文件和统计报告。报告中的财务数据以人民币为单位，特别说明除外。

延伸阅读

您可以通过以下方式获取中国石化更多社会责任信息或下载本报告的电子文本。

中国石化官方网站：http：//www.sinopecgroup.com。

——《中国石油化工集团有限公司 2018 社会责任报告》（封一）

P1.3 报告体系

【指标解读】：主要指公司的社会责任信息披露渠道和披露方式。社会责任信息披露具有不同的形式和渠道。部分公司在发布社会责任报告的同时，发布国别报告、产品报告、环境报告、公益报告等，这些报告均是企业披露社会责任信息的重要途径，企业应在社会责任报告中对这些信息披露形式和渠道进行介绍。

> **示例:**
>
> 年度信息披露——年度社会责任报告。
>
> 日常信息披露——社会责任网站专栏。
>
> ——《中国 LG 化学 2018 社会责任报告》（封一）

（二）高管致辞（P2）

高管致辞是企业最高领导人（团队）对企业社会责任工作的概括性阐释，高管致辞代表了企业最高领导人（团队）对社会责任的态度和重视程度，主要包括以下两个方面的内容：

P2.1　履行社会责任的形势分析与战略考量

【指标解读】：主要描述企业对社会责任与可持续发展的形势判断，开展社会责任工作对经济、社会、环境发展的重要意义以及企业社会责任工作的战略、范式等。

> **示例:**
>
> LG 化学的可持续经营，离不开各利益相关方的帮助和支持。今后中，LG 化学将不断丰富渠道，加强沟通交流。危机可以成为企业提高价值的机会，让企业更加强大，LG 化学已经做好了迈出新征程的准备。夯实基础，我们将不断提高企业价值，为未来做好准备。
>
> ——《中国 LG 化学 2018 社会责任报告》（P3）

P2.2　年度社会责任工作进展

【指标解读】：主要指企业本年度在经济、社会和环境领域取得了哪些关键绩效，以及存在哪些不足和怎样改进。

示例：

2018年是中国石化35年来矢志践行企业责任的生动缩影。一年来，我们以习近平新时代中国特色社会主义思想为指导，坚守"爱我中华、振兴石化""为美好生活加油"的初心使命，坚持经济责任、政治责任与社会责任相统一，推动公司发展呈现稳中有进、稳中提质、稳中向好势头，全年实现营业收入2.93万亿元，实现税费3581亿元，有力促进了国民经济持续健康发展，为决胜全面建成小康社会做出了积极贡献。

我们积极践行绿色发展理念，提升绿色发展水平。牢固树立"绿水青山就是金山银山"理念，大力实施绿色低碳战略，努力做环保治理的实践者、生态文明的推动者、美丽中国的建设者。全面启动实施"绿色企业行动计划"，深入推进绿色发展，加快"清洁、高效、低碳、循环"绿色企业建设。

我们坚持共建共享原则，与社会共享企业发展成果。坚持与股东、员工、客户、合作伙伴等利益相关方携手并进、合作共赢，共同创造和提升可持续发展价值。

——《中国石油化工集团有限公司2018社会责任报告》（P2-P3）

（三）责任聚焦（P3）

责任聚焦是对企业年度社会责任履责绩效和亮点工作的突出呈现。

P3.1 社会责任重大事件

【指标解读】：年度社会责任重大事件主要指从战略行为和管理行为的角度出发，企业在报告期内做出的重大管理改善，包括但不限于：制定新的社会责任战略；建立社会责任组织机构；在社会责任实践领域取得重大进展；下属企业社会责任重大进展等。

示例：

中化2017十大责任成就

成就1：实施"创新升级"新战略：

发布《中化集团2018~2020年发展战略指引》，明确提出面向未来的创新战略，新战略内涵主要包括："创新驱动"和"产业升级"两方面，进一步明确了公司的战略定位，提出将发展动能由资源驱动向创新驱动转换，吹响了中化打造创新型企业的视角。

成就 2：全面推进 6S 管理体系建设：

9 月 5 日，中化 6S 管理体系发布实施，6S 管理体系作为多元化企业战略管理的有效工具，适应公司总部向战略管控型和投资控股型转变的需要，有助于推动公司管理体系优化升级，引导公司面向资本市场进行价值创造。

……

——《中国中化集团有限公司 2017 年可持续发展报告》（P12 - P13）

P3. 2　社会责任重点议题进展及成效

【指标解读】：对报告期内企业最主要的责任议题进行重点阐述和集中展现，体现企业社会责任工作的战略性和突出的社会环境价值。

示例：

中国石化精准扶贫工作受到了社会各界的赞誉和认可。集团公司"深耕产业全链条，精准扶贫造福甘肃"案例被评为"中国企业精准扶贫案例 50 佳"第三名，中国石化西南油气分公司"农旅融合，助力脱贫攻坚"专项案例被评为"旅游扶贫优秀案例"，并同时被纳入国务院扶贫办《中国企业精准扶贫案例 50 佳（2018）》；"深耕产业全链条，精准扶贫造福甘肃"被纳入中国社科院《企业扶贫蓝皮书（2018）》；凭借扶贫业绩、社会影响力、项目创新性和可推广性等综合因素，中国石化荣获人民日报"精准扶贫产业发展模式推荐案例"奖。

——《中国石油化工集团有限公司 2018 社会责任报告》（P15）

（四）企业简介（P4）

P4. 1　组织架构及运营地域

【指标解读】：组织架构是指一个组织整体的结构，是在企业管理要求、管控定位、管理模式及业务特征等多因素影响下，在企业内部组织资源、搭建流程、开展业务、落实管理的基本要素。组织的运营地域包括其海内外的运营企业、附属及合营机构。

示例：

LG 化学自 1947 年创立以来，经过 70 余年的不断发展，在世界各主要地区建立了生产、销售和研发的全球化网络。2018 年，LG 化学全球市场共实现销售额 250 亿美元，营业利润 20 亿美元，在英国 Brand Finance 品牌评估机构发布的"2019 全球最有价值的十大化学品牌"中位列第四。

——《中国 LG 化学 2018 社会责任报告》（P8）

P4.2 主要产品、服务和品牌

【指标解读】：通常情况下，企业对社会和环境的影响主要通过其向社会提供的产品和服务实现。因此，企业应在报告中披露其主要品牌、产品和服务，以便于报告使用者全面理解企业的经济、社会和环境影响。

示例：

中国石化主要从事石油与天然气勘探开采、管道运输、销售；石油炼制、石油化工、煤化工、化纤、化肥及其他化工生产与产品销售、储运；石油、天然气、石油产品、石油化工及其他化工产品和其他商品、技术的进出口、代理进出口业务；技术、信息的研究、开发、应用。

——《中国石油化工集团有限公司 2018 社会责任报告》（P4）

P4.3 企业规模与影响力

【指标解读】：企业的规模应包括但不限于员工人数、运营地数量、净销售额或净收入等信息，影响力主要包括企业在行业中的地位等。

示例：

自 1982 年进入中国以来，LG 化学先后在宁波、天津、南京等地建立了 15 家生产企业和 1 家技术中心。为实现中国地区事业的快速增长，LG 化学于 2004 年在北京设立中国地区总部。2018 年，LG 化学中国市场共实现销售额约 97 亿美元，约占全球销售额 1/3，成为 LG 化学名副其实的最大销售市场。

中国 LG 化学以创新的材料和解决方案携手顾客共同成长，在加强现有事业竞争力的同时谋求新事业的增长，努力成为与中国共同发展、引领中国市场的模范企业。公司连续五年在中国社会科学院发布的石油化工行业社会责任发展指数中位居前三，2018 年跃升至第 2 位，名列石油化工行业外资企业首位。作为全球化工十强企业，LG 化学已进入中国近 40 年，以上的增长率。预计 2024 年 LG 化学的全球销售额将达到 500 亿美元，其中，中国市场占据 40% 的重要份额。

—— 《中国 LG 化学 2018 社会责任报告》（P12－P13）

P4.4 报告期内规模、结构、所有权或供应链的重大变化

【指标解读】：企业组织规模、结构、所有权或供应链的重大变化会对企业社会责任的履行带来较大影响，应在报告中进行披露。

二、责任管理（G 系列）

有效的责任管理是企业实现可持续发展的基石。企业应该推进企业社会责任管理体系建设，并及时披露相关信息。责任管理包括愿景、战略、组织、制度、文化和参与。其中，愿景是社会责任管理的原点和初心，也是目标和归属；战略、组织、制度和文化是实现责任愿景的四大管理支柱；参与贯穿于社会责任管理的全流程。六种元素相互影响、相互促进，共同推动企业社会责任管理持续发展，如图 4－2 所示。

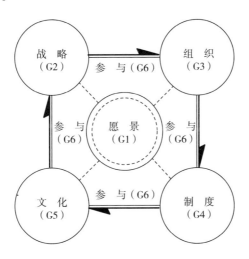

图 4－2 企业社会责任管理的要素模型

（一）愿景（G1）

G1.1 使命、愿景、价值观

【指标解读】：描述企业运行的准则、期望达成的目标和核心企业文化。

示例：

价值观念：科学至上。

愿景：行业领先，受人尊敬。

使命：创新成长、卓越管理，奉献一流产品与服务；为客户、股东、员工创造最大价值；促进社会可持续发展。

总体目标：科学技术驱动的创新型企业。

员工行为准则：诚信、专业、创新、合作。

——《中国中化集团有限公司 2017 可持续发展报告》（P7）

G1.2 社会责任理念或口号

【指标解读】：优秀的社会责任理念或口号不仅有利于企业责任文化的打造、责任品牌形象的传播，还赋予企业社会责任工作以主题和主线，统领企业社会责任管理与实践，是画龙点睛之笔。

示例：

中国石油化工集团有限公司社会责任理念：为美好生活加油。

——《中国石油化工集团有限公司 2018 社会责任报告》（P107）

（二）战略（G2）

G2.1 实质性社会责任议题识别与管理

【指标解读】：描述企业辨识社会责任核心议题的工具和流程，以及企业的核心社会责任议题包括的内容。企业辨识核心社会责任议题的方法和工具包括但不限于：利益相关方调查；高层领导访谈；行业背景分析和先进企业对标等。

G2.2　社会责任战略规划与年度计划

【指标解读】：社会责任规划是企业社会责任工作的有效指引。本指标主要描述包括企业社会责任工作总体目标、阶段性目标、保障措施等。

> **示例：**
>
> LG 化学坚持所有事业活动都以人为先、与环境相协调，立志成为可持续创造未来价值的原材料企业。公司以"Sustainable Chemistry for Human and Environment"为愿景，从可持续经营原则和经济、环境、社会层面，选择十大核心课题开展研究，形成公司可持续经营的十大行动战略，努力为社会创造可持续的未来价值。
>
> ——《中国 LG 化学 2018 社会责任报告》（P78）

G2.3　推动社会责任融入企业发展战略与日常经营

【指标解读】：融入发展战略即描述企业在制定发展战略、实施重大决策时，全面分析对社会和环境的影响，识别、跟踪可能存在的风险和隐患，提前谋划、及时应对的措施和过程。融入日常经营即描述企业社会责任理念全面融入企业研发、采购、生产、销售等全过程，融入财务管理、人力资源管理、风险管理等各职能体系，对相关环节和流程进行优化，实现全方位、全过程融合的措施。

> **示例：**
>
> 公司将企业社会责任视为企业基因的一部分，将社会责任融入战略管理，围绕理念融入、体系建设、实践指导等方面自上而下推进社会责任工作，推动社会责任理念不断融入公司及所属企业的管理流程和业务板块。
>
> ——《中国中化集团有限公司 2017 年可持续发展报告》（P79）

（三）组织（G3）

G3.1　企业高层参与社会责任工作

【指标解读】：社会责任是"一把手工程"，企业高层的支持和推动是企业社会责任发展的重要保证。企业高层领导支持、推动社会责任的方式包括但不限于：在企业社会责任领导机构中担任主要职务，定期听取企业社会责任工作汇报，参与企业社会责任重大活动，为企业社会责任重大项目实施资源整合等。

示例：

中国化工成立由董事长任第一负责人的社会责任推进工作委员会，负责公司社会责任推进过程中的全面领导和统一协调工作。社会责任推进工作委员会下设办公室，由公司生产经营办和企划部有关人员组成。社会责任推进工作办公室具体负责建立社会责任推进工作的有关制度、组织社会责任工作培训、编制并发布集团公司年度可持续发展报告等日常工作。

——《中国化工集团有限公司 2017 可持续发展报告》（P21）

G3.2　社会责任领导机构及工作机制

【指标解读】：描述由企业高层领导（通常是企业总裁、总经理等高管）直接负责的、位于企业委员会层面最高的决策、领导、推进机构，例如，社会责任委员会、可持续发展委员会、企业公民委员会等。描述其开展工作的相关管理制度、流程和方式等。

示例：

中国石化设立社会责任委员会，将社会责任融入企业管理当中。中国石化是首家在董事会设置社会责任委员会的中央企业，作为公司社会责任决策领导机构，主要负责统筹公司社会责任工作，制定相关政策及审阅相关文件。

社会责任委员会下设社会责任办公室于宣传工作部，主要负责公司社会责任战略规划及具体事务等的统筹、协调与推进，社会责任报告编制与发布，以及责任沟通、传播与研究等事项。公司总部各部门按照职能分工，负责业务范围内的社会责任工作。各直属单位（企业）建立社会责任管理机构，积极推进社会责任实践，保证社会责任工作正常开展。

——《中国石油化工集团有限公司 2018 社会责任报告》（P110）

G3.3　社会责任组织体系及职责分工

【指标解读】：社会责任组织体系包括明确或建立企业社会责任工作的责任部门以及企业社会责任工作部门的人员配置情况。

一般而言，社会责任组织体系包括 3 个层面：

● 决策层，主要由公司高层领导组成，负责公司社会责任相关重大事项的审议和决策。

● 组织层，公司社会责任工作的归口管理部门，主要负责社会责任相关规划、计划和项目的组织推进。

● 执行层，主要负责社会责任相关规划、计划和项目的落实执行。

由于社会责任实践由公司内部各部门具体执行，因此，企业应披露各部门的社会责任职责与分工。

示例：

LG 化学韩国总部 CSR 部门统一管理公司的 CSR 工作，中国 LG 化学品牌公关部负责 LG 化学在中国的社会责任工作统筹、协调与推进，具体包括制定社会责任规划和年度发展计划，开展社会责任研究、培训和交流，编制和发布公司年度社会责任报告，各业务部门结合自身职能定位负责各自板块 CSR 工作。中国 LG 化学各法人设置 CSR 专任负责人与联络人，负责协调推动所在法人的企业社会责任工作，并与中国 LG 化学投资有限公司保持沟通。

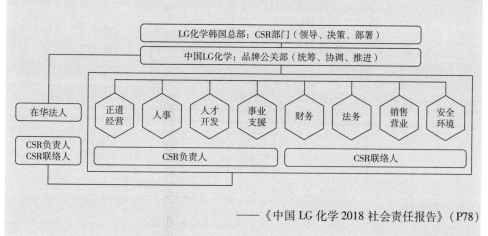

——《中国 LG 化学 2018 社会责任报告》（P78）

（四）制度（G4）

G4.1　制定社会责任管理制度

【指标解读】：社会责任工作的开展落实需要有力的制度保证。企业社会责任制度包括社会责任沟通制度、信息统计制度、社会责任报告的编写发布等制度。

> **示例：**
>
> 中国石化结合国家大势、社会关注和内外部利益相关方需求，创新形成"1＋N"报告体系及常态化发布机制，鼓励有条件的所属企业积极发布社会责任报告，加强沟通与交流，传播责任理念与实践，塑造企业责任形象。
>
> ——《中国石油化工集团有限公司 2018 社会责任报告》（P111）

G4.2　构建社会责任指标体系

【指标解读】：主要描述企业社会责任评价指标体系的构建过程和主要指标。建立社会责任指标体系有助于企业监控社会责任的运行状况。

G4.3　开展社会责任考核或评优

【指标解读】：主要描述企业运用社会责任评价指标体系，对履行企业社会责任的绩效进行评价的制度、过程和结果；或对企业内部的社会责任优秀单位、优秀个人、优秀实践进行评选的相关制度、措施及结果。

（五）文化（G5）

G5.1　组织社会责任培训

【指标解读】：企业通过组织、实施社会责任培训计划，提升管理层人员和员工的社会责任理念，使企业及个人成为社会责任理念的传播者和实践者。

> **示例：**
>
> LG 化学坚持开展年度社会责任培训，邀请外部社会责任专家就企业社会责任的国际形势和国内政策导向，以及最新行业标准和要求等进行培训，提高相关工作人员的责任意识。
>
> ——《中国 LG 化学 2018 社会责任报告》（P79）

G5.2 开展社会责任理论研究

【**指标解读**】：由于社会责任是新兴课题，企业应根据社会责任理论与实践的需要，自行开展社会责任调研课题或参加国内外社会责任标准的制定，把握行业现状和企业自身情况，以改善企业社会责任管理，优化企业社会责任实践。

示例：

我们积极开展社会责任领域的相关研究，制定并实施社会责任培训计划，推进与国内外有关机构的社会责任交流，持续提升公司全员社会责任认知和履责能力。开展相关专项研究，为公司更好地履行社会责任提供了依据。

——《中国石油天然气集团有限公司2018社会责任报告》（P10）

（六）参与（G6）

G6.1 识别和回应利益相关方诉求

【**指标解读**】：本指标包含两方面的内容：

● 对利益相关方的需求及期望进行调查。

● 阐述各利益相关方对企业的期望以及企业对利益相关方期望进行回应的措施。

示例：

中国LG化学高度重视与利益相关方的沟通与交流，积极回应各利益相关方的期望和诉求。公司通过多种形式发布企业社会责任信息，优化沟通渠道和方式，不断提高沟通的有效性。

利益相关方	对公司的期望	沟通渠道和方式
顾客	· 提供高品质产品 · 确保产品安全 · 提供优质服务	· 客户满意度调查 · 客户关系管理 · 客户座谈与走访 · 应对客户投诉

利益相关方	对公司的期望	沟通渠道和方式
政府	・ 贯彻宏观政策 ・ 诚信守法经营 ・ 依法纳税 ・ 带动就业 ・ 防范经营风险	・ 参与政策、规划调研与制定 ・ 专题汇报 ・ 接受监督考核 ・ 正道经营与公平竞争
员工	・ 员工权益保障 ・ 员工职业发展 ・ 员工关爱	・ 职工代表大会 ・ 各级工会组织 ・ 员工参与企业管理 ・ 意见和合理化建议征集
同业者	・ 经验共享 ・ 技术交流 ・ 竞争合作	・ 参加行业会议 ・ 日常联络
合作伙伴	・ 遵守商业道德 ・ 公开、公平、公正采购 ・ 互利共赢、共同发展	・ 公开采购信息 ・ 谈判与交流
社区	・ 社区公共事业发展 ・ 增加社会就业	・ 社区座谈与交流 ・ 社区公益活动 ・ 社区共建活动
环境	・ 遵守环保法律法规 ・ 环境保护 ・ 节能降耗	・ 环境管理战略与组织体系 ・ 环保培训与教育 ・ 推进节能减排与应对气候变化 ・ 研发绿色产品 ・ 环保公益
社会组织	・ 保持密切联系，保持信息共享 ・ 积极参与、支持社会团体组织的各项活动	・ 参与政府、行业协会、科研院所的会议、论坛和活动

——《中国 LG 化学 2018 社会责任报告》（P83）

G6.2 社会责任内外部沟通机制和活动

【指标解读】：描述企业主导的社会责任内外部沟通机制。内部机制包括但不限于：内部社会责任刊物，网站建立社会责任专栏，社会责任知识交流大会，

CSR 内网等。外部机制包括但不限于：召开及参加利益相关方交流会议、工厂开放日等。

示例：

中国石化深知企业可持续发展和稳健成长离不开利益相关方的信任和支持，我们深入研究相关方的合理需求和期望，将其转化为企业发展的行动目标和方案，并积极主动拓宽沟通方式，创新沟通渠道，及时有效地传播公司的社会责任理念和履责动态，打造负责任的品牌形象，提高企业责任竞争力。

社会责任沟通	发布社会责任报告/专项报告	· 发布《中国石化 2017 社会责任报告》 · 发布《中国石化精准扶贫白皮书（2017~2018）》 · 发布《中国石化在新疆（1978~2018）》责任报告
	报刊平台	· 《中国石化报》 · 《中国石化》月刊等
	新媒体平台	· 石化新闻 APP · 中国石化官方微博"石化实说"：http://weibo.com/sinopec · 中国石化官方微信：woshixiaoshitou · 石化黑板报官方微信：shhbb2014 · 中国石化官方抖音号：zgsh · Twitter：@SinopecNews · Facebook：@Sinopec
	"互联网＋"平台	· 中国石化新闻网：http://www.sinopecnews.com · 中国石化网上博物馆：museum.sinopec.com
社会责任交流	组织"走进中国石化"系列活动	· 截至 2018 年底，连续 7 年开展"公众开放日"活动 · 截至 2018 年底，连续 8 年开展"社会监督员"活动 · 截至 2018 年底，连续 9 年开展媒体沟通会活动
	支持 2018 实现可持续发展目标中国企业峰会	· 支持由联合国全球契约中国网络等机构主办的"2018 实现可持续发展目标中国企业峰会"。中国石化"爱心加油站·环卫驿站"入选《实现可持续发展目标 2018 中国企业最佳实践》成果集，并荣获"实现可持续发展目标 2018 中国企业最佳实践"奖
	参加企业社会责任交流活动	· 参加中国社会责任百人论坛、中国企业社会责任报告国际研讨会等，加强同各界在社会责任方面的经验交流，提升责任能力

社会责任交流	社会责任评价	·《企业社会责任蓝皮书（2018）》显示，中国石化社会责任发展指数达五星级水平，位列石油石化行业第一；连续 8 年荣获中国新闻社颁发的"2018 年度责任企业"奖项；荣获人民网颁发的"改革先锋奖"；荣获新华网颁发的"精准扶贫奖"；连续 14 年荣获中华健康快车基金会颁发的"光明功勋特别奖"；连续 8 年获评"中国低碳榜样"；被中国社科院评为"责任十年，国企十佳"

——《中国石油化工集团有限公司 2018 社会责任报告》（P108）

G6.3　加入的社会责任组织或公约

【指标解读】：陈述企业参与或支持外界发起的经济、环境、社会类的公约、原则或倡议。

示例：

参加中国社会责任百人论坛、中国企业社会责任报告国际研讨会等，加强同各界在社会责任方面的经验交流，提升责任能力。

——《中国石油化工集团有限公司 2018 社会责任报告》（P108）

三、市场绩效（M 系列）

市场绩效描述企业在市场经济中负责任的行为。企业的市场绩效责任可分为对自身健康发展的经济责任和对市场其他利益相关方（主要是客户和商业伙伴）的经济责任，如图 4-3 所示。

（一）股东责任（M1）

股东责任主要包括企业安全运行与资产保值增值两个方面，资产保值增值用资产的成长性、收益性和安全性 3 个指标进行描述。

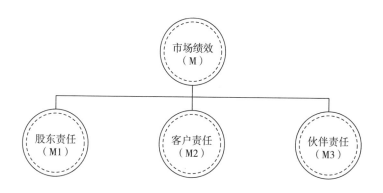

图 4 - 3 市场绩效包括的二级板块

M1.1 规范公司治理

【指标解读】：主要描述公司的治理结构和治理机制，治理结构指公司"三会一层"及其构成。治理机制包括激励机制、监督与制衡机制等。

> **示例：**
>
> 中国石油化工集团有限公司 2012 年 4 月建立规范董事会。董事会作为公司宏观决策层，对国资委负责，接受国资委指导和监督，以维护出资人利益、实现国有资产保值增值为宗旨，依照法定程序和公司章程履行职责。
>
> 目前董事会由 6 名董事组成，分别为董事长、董事（总经理）、4 名外部董事。董事会下设战略委员会、提名委员会、薪酬与考核委员会、审计与风险管理委员会、社会责任委员会 5 个专门委员会，为董事会决策提供咨询和建议。
>
> ——《中国石油化工集团有限公司 2018 社会责任报告》（P6）

M1.2 最高治理机构及其委员会的提名和甄选过程

【指标解读】：最高治理机构及其委员会的提名和甄选过程，及用于提名和甄选最高治理机构成员的条件，包括：是否以及如何考虑了多样性、是否以及如何考虑了独立性、是否以及如何考虑了经济环境和社会事务相关的专长和经验、是否以及如何考虑利益相关方（包括股东）参与。

示例：

公司董事会由7名董事组成。董事会下设战略发展委员会、提名委员会、薪酬与考核委员会、审计与风险管理委员会4个专门委员会，为董事会决策提供咨询意见和建议。

董事会按照《公司章程》及《公司董事会授权管理办法》规定，就企业生产经营决策事项向董事长进行常规性授权。

——《中国石油天然气集团有限公司2017社会责任报告》（P8）

M1.3 反腐败（廉洁管理）

【指标解读】：主要描述企业在反腐败和反商业贿赂方面的制度和措施等。商业贿赂行为是不正当竞争行为的一种，是指经营者为销售或购买商品而采用财务或者其他手段贿赂对方单位或者个人的行为。商业腐败按对象可以划分为两种类型：一种是企业普通经营活动中的行贿受贿行为，即通常意义上的商业贿赂；另一种是经营主体为了赢得政府的交易机会或者获得某种经营上的垄断特权而向政府官员行贿。

网络举报系统：

员工们违反正道经营或有不正之风时，运营着可以进行举报的制度。通过网络、书信、FAX等方法，不仅对员工，而且对其他相关人员都可以进行举报。通过此制度，努力对员工的不正之风、不合理制度和业务流程等进行改善。

钱物申报制度：

LG化学员工，无论任何理由，严格禁止从利害关系人员那里收受金钱及款待。特别是一律禁止收受包括红白礼金/红白礼品及以外的个人礼物。不得已收受了金钱或礼物、红白礼金时，需通过收受钱物申报制度进行申报后，予以退还，如果无法退还时，直接向社会福利团体进行捐赠。

但是直接捐助有困难时，需通过公司内部拍卖，将所获得的拍卖金捐助给社会福利团体。

——《中国LG化学2018社会责任报告》（P16）

M1.4   合规信息披露

【指标解读】：及时准确地向股东披露企业信息是履行股东责任不可或缺的重要环节，这些信息包括企业的重大经营决策、财务绩效和企业从事的社会实践活动。企业应根据《公司法》通过财务报表、公司报告等向股东提供信息。上市公司应根据《上市公司信息披露管理办法》向股东报告信息。

M1.5   保护中小投资者利益

【指标解读】：主要内容包括保证中小股东的知情权、席位、话语权以及自由转让股份权、异议小股东的退股权等。

M1.6   成长性

【指标解读】：即报告期内营业收入及增长率等与企业成长性相关的其他指标。

示例：

指标	2016 年	2017 年	2018 年
资产总额（亿元）	21594	22567	22601
营业收入（亿元）	19692	24003	29368
实现税费（亿元）	3536	3623	3581

——《中国石油化工集团有限公司 2018 社会责任报告》（P116）

M1.7   收益性

【指标解读】：即报告期内的净利润增长率、净资产收益率和每股收益等与企业经营收入相关的其他指标。

一般来说，利润总额指企业在报告期内实现的盈亏总额，来源于损益表中利润总额项的本年累计数；净利润指在利润总额中按规定缴纳了所得税后公司的利润留存，一般也称为税后利润或净收入；净资产收益率又称股东权益收益率，是净利润与平均股东权益的百分比，是公司税后利润除以净资产得到的百分比。

示例：

资产总额 41324.6 亿元，实现营业总收入 27390.1 亿元，同比上升 17%，利润总额 1105.6 亿元，同比上升 107.3%，实现税费总额 4211.6 亿元。

——《中国石油天然气集团有限公司 2018 社会责任报告》（P6）

M1.8　安全性

【指标解读】：即报告期内的资产负债率等与企业财务安全相关的其他指标。

（二）客户责任（M2）

客户责任板块主要描述企业对客户的责任，包括生产优质产品、提供良好服务、促进科技创新、保护客户基本权益等内容。

M2.1　能源供应战略体系

【指标解读】：指企业在认定面临外部机会与威胁，以及内部优势与弱点之后建立的长期能源供应目标，以及实现目标的基本路径。

> **示例：**
>
> 中国石化大力推进高效勘探、效益开发，确保原油和天然气供应；持续深化炼油产品结构调整，实施油品质量升级，提供优质油品和服务；坚持"基础＋高端"，加大新产品开发力度，供应高附加值化工产品；拓展非常规能源与新能源、新材料领域，实现能源供应多元化，为社会经济发展提供源源不断的动力，服务人民的衣、食、住、行。
>
> ——《中国石油化工集团有限公司2018社会责任报告》（P18）

M2.2　常规能源开发利用（如石油、天然气等）的措施及绩效

【指标解读】：主要描述的是石油化工企业对常规能源如石油和天然气的开发利用的措施以及取得的成效。包括企业在勘探、开发、原油精炼和成品油供应等方面的措施，可披露相关的定量指标包括新增探明石油和天然气储量、油气储量替代率、原油和天然气总产量、成品油和天然气产销量等。

> **示例：**
>
> 中国石化积极推进供给侧结构性改革，转方式调结构，努力做好原油、天然气等常规能源以及油品、化工产品供应，满足经济社会发展需要。

油田板块	境内原油产量 3506 万吨 境内生产天然气 276 亿立方米，同比增长 7.1%
炼油板块	原油加工量 24597 万吨 炼厂平均规模为 884 万吨/年 炼油能力 2.74 亿吨/年 生产成品油 15480 万吨
化工板块	生产乙烯 1151 万吨 生产对二甲苯 476 万吨 生产合成树脂 1624 万吨 生产合成橡胶 118 万吨 生产合成纤聚合物 319 万吨 生产精细化工 58 万吨（不含合资）
油品销售板块	成品油总经营量 1.98 亿吨 自营加油站 31033 座 销售天然气经营量同比增长 25.6%

——《中国石油化工集团有限公司 2018 社会责任报告》（P18－P19）

M2.3 非常规能源开发利用（页岩气、煤层气等）的措施及绩效

【指标解读】：指企业对传统能源之外的新能源的勘探、开发和供应方面的措施以及取得的成效。非常规能源指刚开始开发利用或正在积极研究、有待推广的能源，如页岩气、煤层气等。

示例：

中国石化积极探索拓展新能源、新材料领域，发展页岩气、煤层气等非常规油气资源，规模化开发地热资源，推广使用生物航煤、生物柴油等生物质新能源，探索研发煤化工资源，为社会提供可持续发展新动能。

页岩气	我国首个大型页岩气田——涪陵页岩气田如期建成 100 亿立方米年产能
煤层气	延川南煤层气田全年产气 3.8 亿立方米
地热能	中国石化"地热＋"绿色清洁能源产业业务辐射全国 13 个省区市，供暖能力近 5000 万平方米
太阳能	中国石化太阳能光伏发电项目累计装机 81 兆瓦，累计发电突破 1 亿度

生物航煤	中国石化镇海炼化建设 10 万吨/年生物航煤装置于 2019 年投产
生物柴油	生物柴油在上海供应网点数量突破 200 座，全年累计加注达 1.1 亿升
低硫船燃油	中国石化上海石化于 2019 年 1 月成功生产低硫船用燃料油，成为国内首家生产该油品的炼化企业
煤化工	中安煤化工建设工程实现锅炉点火，预计在 2019 年 6 月全面投产
充（换）电站和动力电池	中国石化增设充电业务加油站达 22 座，光伏发电示范项目 5 个，启动建设加氢示范项目 5 个

——《中国石油化工集团有限公司 2018 社会责任报告》（P23）

M2.4　油气储运网络建设及绩效

【指标解读】：指企业的石油和天然气的储存和运输网络系统建设的制度及取得的成效。包括油气田的油库、转运码头或外输首站，油气输送管线等的建设。可披露的定量指标包括原油管道总里程（千米）、成品油管道总里程（千米）、天然气管道里程（千米）等。

示例：

截至 2018 年底，公司运营天然气管道长度达到 54270 千米，覆盖全国 30 个省（直辖市、自治区）和香港特别行政区，受惠人口超过 5 亿。

——《中国石油天然气集团有限公司 2018 社会责任报告》（P27）

M2.5　产品质量与安全管理

【指标解读】：主要描述企业产品质量保障、质量改进等方面的政策与措施，包括但不限于通过 ISO9000 质量管理体系认证、成立产品质量保证和改进小组等。

示例：

2018 年，公司以制度标准完善、质量监督检查和质量文化建设为重点，持续完善质量管理提升。33 家销售企业抽查油品 2 万多批次，接受国家和地方政府抽查 1 万多批次，发现不合格产品数为零。

重点工作	内容
制度标准完善	制定实施质量提升行动计划，明确目标、任务和实施路径
质量监督检查	·对重点企业采购物资质量进行全覆盖抽查 ·对中俄东线天然气管道、辽阳石化、华北石华等重点工程项目进行 QHES 量化审核 ·全年抽查采购产品 1395 批次 ·开展国Ⅵ标准油品质量监督抽查，接受国家和地方政府抽查 1 万多批次，均未发现不合格产品
质量文化建设	·举办"客户体验日""实验室开放日"等消费者互动活动 ·组织 15 万人参与 QC 小组活动

2018 年保障油品质量重点举措：

研究制定国Ⅵ标准油品质量升级专项抽查方案，促进企业加强油品质量管理，确保供应消费者的油品质量合格；炼化企业加快推进油品质量升级装置建设进度，加强油品生产过程质量控制；销售企业严把油品出口质量关，开展油品质量监督抽查。

——《中国石油天然气集团有限公司 2018 社会责任报告》（P42）

M2.6 油品质量升级

【指标解读】：随着汽车保有量快速增长，汽车尾气排放对大气污染的影响日益增加，推进油品质量升级是能源企业义不容辞的责任。

示例：

我们以能源产品升级促进能源消费结构优化。2018 年，投资超过 34 亿元新建一批成品油质量升级项目，公司所属炼化企业全部完成国Ⅵ标准油品质量升级，向国内供应成品油（汽柴油）11735.8 万吨，占国内市场份额的 36.1%。

——《中国石油天然气集团有限公司 2018 社会责任报告》（P28）

M2.7 产品合格率

【指标解读】：产品合格率＝合格产品数/产品总数×100%。

示例：

指标	2016 年	2017 年	2018 年
炼油产品销售合格率（%）	100	100	100
化工产品合格率（%）	100	100	100
油品质量抽查合格率（%）	100	100	100

——《中国石油化工集团有限公司 2018 社会责任报告》（P66）

M2.8　坚持创新驱动

【指标解读】：主要指在企业内部建立鼓励创新的制度，形成鼓励创新的文化，用创新支撑和促进企业发展。

示例：

中国石化大力实施创新驱动发展战略，紧紧围绕主业发展，完善科技体制机制，坚持开放创新，激发创新主体活力，加快科技成果转化与应用，推动信息化和工业化融合，引领公司高质量发展，服务创新型国家建设。

——《中国石油化工集团有限公司 2018 社会责任报告》（P27）

M2.9　研发投入

【指标解读】：主要指在报告期内企业在科技或研发方面投入的资金总额。

示例：

指标	2016 年	2017 年	2018 年
科技研发总投入（亿元）	79.1	101.17	149.63

——《中国石油化工集团有限公司 2018 社会责任报告》（P28）

M2.10　科技工作人员数量

【指标解读】：科技工作人员指企业直接从事（或参与）科技活动以及专门从事科技活动管理和为科技活动提供直接服务的人员。累计从事科技活动的时间占制度工作时间50%（不含）以下的人员不统计。

示例：

指标	2016 年	2017 年	2018 年
研发人员数量（人）	13610	13295	14017

——《中国石油化工集团有限公司2018社会责任报告》（P28）

M2.11　新增专利数

【指标解读】：主要包括报告期内企业新增专利申请数和新增专利授权数。

示例：

2018 年，中国石化在专利、重大科技奖项等方面取得丰硕成果。全年境内外申请专利7184 项，境内外授权专利5241 项；获得国家科技进步二等奖3 项、国家技术发明二等奖1 项；获得中国专利银奖4 项，中国专利优秀奖4 项。

——《中国石油化工集团有限公司2018社会责任报告》（P29）

M2.12　科技成果产业化

【指标解读】：描述对具有使用价值的科技成果所进行的后续试验、开发、应用、推广直至形成新产品、新工艺、新材料，发展新产业等活动。

示例：

2018 年6 月，中国石化上海石油化工研究院杨为民团队开发的全新结构的分子筛材料 SCM－14（SINOPEC Composite Material 14），正式获得国际分子筛协会

（IZA）授予的结构代码 SOR，标志着中国石化成为我国首个获得分子筛结构代码的企业，实现了国内工业企业在新结构分子筛合成领域零的突破。分子筛是重要的催化材料，广泛应用于石油化工生产过程和环保领域。新结构分子筛的创制及工业应用将带来石化技术的跨越式发展。

——《中国石油化工集团有限公司 2018 社会责任报告》（P29）

M2.13　科研平台建设

【指标解读】：描述企业搭建科技创新平台，通过搭建、建设科技实验室、研发中心、工程技术中心等，加强科研能力建设等方面的措施。

示例：

LG 化学通过建立技术研究院不断强化自主创新能力，提高核心技术竞争力，以中央研究所为中心，培养核心基础技术，为新一代业务领域提供技术保障；同时在事业部设立直属研究所，按各事业领域进行基础研究和产品开发，促进技术快速创新。

技术研究院	中央研究所
基础材料	基础材料研究所
	技术中心
电池	电池研究所
	动力电池开发中心
	CMI
	小型电池开发中学
	ESS 电池开发中心
信息电子材料	信息电子材料研究所
材料	材料研究所
	OLED 开发中心
	电池材料开发中心
生命科学	生命科学研究所

——《中国 LG 化学 2018 社会责任报告》（P34 - P35）

M2.14　严禁虚假或者引人误解的宣传

【指标解读】：企业保证产品或服务在宣传过程中的真实性的相关措施。

M2.15　产品知识普及或客户培训

【指标解读】：主要指对客户进行产品和服务知识宣传、普及的活动。企业应主动向消费者提供有关产品和服务的信息，包括性能、对健康的影响、原产国、能源效率（如适用）、内容或成分（适当时，包括适用转基因生物体和纳米粒子）、与动物福利有关的方面（适当时，包括动物测试的使用）以及产品与包装的安全使用、维修、储藏和处置。

示例：

为了充分实践"为顾客创造价值"的经营理念，LG 化学华南技术中心自成立以来，持续向客户提供 LG 独有的差异化价值，连续四年在华南技术中心举办对客户的专门课程培训，为不同的客户群体提供 Injection School、Injection School（高级）、Design School 三种针对性培训课程。2015 年—2018 年，LG 化学华南技术中心共举办了 14 届对客户的专门课程培训，来自全国约 130 余家企业，共计 345 位客户参加了培训。

未来，LG 化学华南技术中心仍将继续秉持为客户提供差别化价值的宗旨，继续开展对更多客户的专门课程培训，提高更多客户的产品设计和技术水平。同时通过培训加强与客户之间的沟通合作，为 LG 化学在中国地区业务的扩展注入源源不断的力量。

——《中国 LG 化学 2018 社会责任报告》（P39）

M2.16　潜在风险警示

【指标解读】：对于产品或服务的潜在风险，企业应对客户予以提醒。

M2.17　公平交易

【指标解读】：企业应遵守市场交易的基本原则，即平等自愿原则、等价有偿原则、公平原则和诚实信用原则。

M2.18　倡导可持续消费

【指标解读】：可持续消费既要求实现资源的最优和永续利用，又要求实现废弃物的最小排放和对环境的最小污染。企业应注重对抵制高消费、炫耀消费、攀比消费行为的宣传。

M2.19　客户信息保护

【指标解读】：主要描述企业保护客户信息安全的理念、制度、措施及绩效。企业不应以强迫或欺骗的方式获得任何有关客户及消费者个人隐私的信息；除法律或政府强制性要求外，企业在未得到客户及消费者许可之前，不得把已获得的客户及消费者私人信息提供给第三方（包括企业或个人）。

示例：

公司重视客户隐私保护。针对加油卡网上营业厅、成品油电子商务网站、微信营销平台等互联网应用，开展全面排查和风险隐患识别工作，消除重大风险隐患，杜绝网络安全事故。完善客户信息维护功能，委托第三方等级保护测评中心，针对数据安全等内容，采取访谈、漏洞扫描等方法，对加油卡、网上营业厅等重点信息系统进行测评。

——《中国石油化工股份有限公司2018可持续发展报告》（P49）

M2.20　主动售后服务体系

【指标解读】：描述了产品出售以后所提供的各种服务活动。随着消费者维权意识的提高和消费者消费观念的变化，消费者不再只关注产品本身，在同类产品的质量与性能都相似的情况下，更愿意选择这些拥有优质售后服务的公司。

示例：

客户满意是中国石化不懈的追求。从客户关系管理体系的建立和完善，到制度落实和追踪，中国石化不断完善提高售前、售中、售后全流程客户服务内容及质量。

——《中国石油化工集团有限公司2018社会责任报告》（P67）

M2.21 积极应对消费者投诉

【指标解读】：针对客户因对企业产品质量或服务上的不满意，而提出的书面或口头上的异议、抗议、索赔和要求解决问题等行为采取的措施。

示例：

拓展多元沟通渠道，通过客户走访、客户服务中心、网络在线服务、客户投诉处理与反馈、客户满意度调查等多种方式加强与客户交流，了解客户需求。

——《中国石油化工集团有限公司 2018 社会责任报告》（P67）

M2.22 投诉解决率

【指标解读】：指解决投诉量与投诉总量之比。

示例：

指标	2016 年	2017 年	2018 年
成品油销售客户投诉解决率（%）	100	100	100
润滑油销售客户投诉解决率（%）	100	100	100
化工销售客户投诉解决率（%）	100	100	100

——《中国石油化工集团有限公司 2018 社会责任报告》（P67）

M2.23 止损与赔偿

【指标解读】：如企业提供的产品或服务被证明对客户及消费者的生命或财产安全存在威胁时，企业应立刻停止提供该类产品或服务，并做出公开声明，尽可能召回已出售产品；对已造成损害的，应给予适当的赔偿。

M2.24 客户满意度

【指标解读】：包括企业进行的客户满意度调查和最终的调查结果。

示例：

指标	2016 年	2017 年	2018 年
润滑油产品客户满意度（%）	85.0	85.0	87.0

——《中国石油化工集团有限公司 2018 社会责任报告》（P67）

（三）伙伴责任（M3）

企业的合作伙伴主要有债权人、上游供应商、下游分销商、同行业竞争者及其他社会团体。伙伴责任主要包括企业在促进产业发展、促进价值链履责、开展责任采购方面的理念、制度、措施、绩效及典型案例。

M3.1 坚持诚信经营公平竞争

【指标解读】：主要描述企业对客户、供应商、经销商以及其他商业伙伴诚信的理念、制度和措施。公平竞争是指竞争者之间所进行的公开、平等、公正的竞争。它可以调动经营者的积极性，使社会资源得到合理的分配。

示例：

我们秉承"守法、公开、竞争、择优、共赢"理念，构建了"统一管理，分级负责，联合监督"的招标管理体制，形成了"管办分开、分级分类管理、专业化实施"的管理模式。我们大力推广应用电子招标平台，努力践行"公平、公正、公开"的原则，积极推进阳光招标、绿色采购，实现依法治企与合规管理。

——《中国石油天然气集团有限公司 2018 社会责任报告》（P45）

M3.2 经济合同履约率

【指标解读】：主要反映企业的管理水平和信用水平。经济合同履约率 =（截至考核期末实际履行合同份数）/考核期应履行合同总份数×100%。

M3.3 战略共享机制和平台

【指标解读】：主要描述企业与合作伙伴（商业和非商业的）建立的战略共

享机制及平台，包括但不限于以下内容：长期的战略合作协议，共享的实验基地，共享的数据库，稳定的沟通交流平台等。

示例：

作为化工行业的主要参与者，我们放眼全球，积极实施"走出去"和"引进来"的战略，充分利用国内和国际两个市场、两种资源，加强与政府、企业、高校等的战略合作，实现优势互补，助力行业转型升级，为地方经济发展贡献力量。

——《中国化工集团有限公司 2017 可持续发展报告》（P57）

M3.4 保护知识产权

【指标解读】：主要描述企业尊重和保护其他企业和个人就其智力劳动成果所依法享有的专有权或独占权。2017 年 4 月 24 日，最高法院首次发布《中国知识产权司法保护纲要》。

示例：

中国石化在专利、重大科技奖项等方面取得丰硕成果。全年境内外申请专利 7184 项，境内外授权专利 5241 项；获得国家科技进步二等奖 3 项、国家技术发明二等奖 1 项；获得中国专利银奖 4 项，中国专利优秀奖 4 项。

——《中国石油化工集团有限公司 2018 社会责任报告》（P29）

M3.5 助力行业发展

【指标解读】：描述企业应利用其在价值链和行业中的影响力，发挥自身综合优势，制定与完善行业标准、创新与推广行业技术、构筑与拓展交流平台、引进与培养行业人才。

示例：

公司在行业标准制定、安全环保、技术创新等方面积极与外部交流合作，助力行业发展。

●承担国家智能制造综合标准化项目，2018年完成10项标准草案编制和标准验证平台研发；发布易派客标准体系，成为国内首个工业品企业及产品评价标准，营造公开透明、阳光健康的行业生态环境。

●与地方政府和研究机构共同开展石油化工码头作业安全风险防控技术研究，形成了《石油化工码头作业安全工作要求》等5项成果；协助国家生态环境部在重点地区开展成品油领域环保督查，促进成品油领域环境保护工作。

●与高校围绕化工与新材料等前沿领域，成立联合研发中心，助推企业创新发展；与汽车厂商、行业协会合作探索在新的排放要求下，发动机油与新型发动机设备如何实现良好匹配的解决方案；与汽车厂商合作，为新能源汽车开发专用润滑油品，并与中国汽车工程学会合作，起草电动汽车用油液标准。

——《中国石油化工股份有限公司2018可持续发展报告》（P50）

M3.6　针对供应商的社会责任政策、倡议和要求

【指标解读】：描述企业为推动供应商履责制定的理念，制度和措施。

示例：

在供应商选择的过程中，LG化学通过对供应商质量及技术能力、售后服务、环境保护、劳工权益等方面进行全面考察，不断优化供应商管理。同时，中国地区各法人也根据自身实际情况建立了适合本公司的供应商选择流程，更加有效的选择优质供应商进行合作。

——《中国LG化学2018社会责任报告》（P43）

M3.7　因为社会责任不合规被否决的潜在供应商数量

【指标解读】：主要描述企业统计的未通过社会责任评价而被否决的未合作的供应商数量。

M3.8　供应商社会责任审查的流程与方法

【指标解读】：主要描述企业对供应商、经销商和其他价值链上下游伙伴进行社会责任审查的制度、体系、方法和频率等。

示例：

LG 化学（渤天）供应商选择流程

供应商开发	对有新增资材项购买，或现有供应商无法满足供货要求及有可能成为合作伙伴的供应商进行开发
供应商初选评估	组织相关部门对供应商资质（是否通过 ISO 系列质量证书等），供货能力，质量及售后服务等进行评估
供应商登录评价	填写供应商评价表，且评分大于 70 分才具备登录条件
供应商登录评定	采购 Team 根据考评结果确认批准后，可列为合格供应商
供应商使用	编制合格供应商一览表，选择使用并开展合作
供应商定期考核	每年定期对合格供应商进行复评，根据评审结果决定与供应商的合作方向

——《中国 LG 化学 2018 社会责任报告》（P43）

M3.9　报告期内审查的供应商数量

【指标解读】：企业报告期内社会责任审查覆盖的供应商总量。

示例：

截至 2018 年底，通过资格审查的供应商总计 20319 家。2018 年涉及 2580 家供应商的 6000 项物资目录提升星级级别，涉及 753 家供应商的 5102 项物资目录降低星级级别。共对 68 家供应商给予处罚，其中，取消交易资格的 22 家、暂停交易资格的 22 家。对于综合实力强、技术领先、业绩优秀、履行社会责任好的供应商，公司签署战略合作协议。2018 年公司战略伙伴累计达到 86 家。

——《中国石油化工股份有限公司 2018 可持续发展报告》（P46）

M3.10 因为社会责任不合规被终止合作的供应商数量

【指标解读】：企业应披露报告期内因社会责任不合规而终止合作的供应商数量。

> **示例：**
>
> 2018 年 26 家存在违规行为的承包商被列入"黑名单"或暂停投标。
>
> ——《中国石油化工股份有限公司 2018 可持续发展报告》（P46）

M3.11 供应商社会责任培训

【指标解读】：主要描述通过专项培训、开展宣传教育活动等方式对供应商、经销商等价值链合作伙伴进行社会责任意识培养和能力提升，助力其更好地履行社会责任。

> **示例：**
>
> 定期举办供应商培训，宣贯中国石化物资供应理念及制度、招投标管理制度要点等，带动供应商共同履责。
>
> ——《中国石油化工集团有限公司 2018 社会责任报告》（P69）

M3.12 供应商社会责任培训绩效

【指标解读】：企业应披露报告期内供应商培训绩效，包括但不限于时长、人次、数量等。

M3.13 推进国际能源合作

【指标解读】：描述企业积极推动与国际能源组织和企业的交流合作，包括油气勘探开发的对外合作、开展国际能源贸易等。

> **示例：**
>
> 面对国际油价持续走低、部分地区形势动荡等挑战，我们携手资源国政府、合作伙伴努力保障合作项目平稳运行。借力国家"一带一路"倡议，在中亚、中东

等地区相继签署一批合作协议，在上游、下游、贸易销售、技术支持等领域开展全方位合作，实现全产业链、全价值链合作。公司海外全年完成油气作业产量当量 17239 万吨，权益产量当量 9818 万吨，同比增长 10.2%，为满足东道国能源供应、支持当地经济发展做出应有贡献。

　　　　　　　　——《中国石油天然气集团有限公司 2018 社会责任报告》（P29）

四、社会绩效（S 系列）

　　企业社会绩效主要描述企业对社会责任的承担和贡献，主要包括政府责任、员工责任、安全生产和社区责任四个方面的内容，如图 4-4 所示。政府责任是现阶段我国企业履行社会责任的重要内容之一，主要描述企业响应政府号召，对政府负责的理念、制度、措施和绩效。员工责任主要描述企业对员工负责，保障员工权益，助力员工成长的理念、制度、措施、绩效和典型案例。社区责任主要描述企业对社区的帮助和贡献。

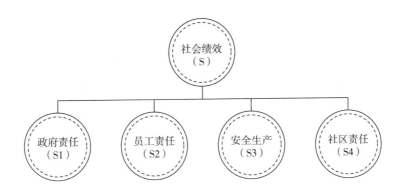

图 4-4　社会绩效包括的二级板块

（一）政府责任（S1）

政府责任主要包括守法合规和政策影响两个部分。

S1.1 守法合规体系建设

【指标解读】：主要描述企业的法律合规体系，包括守法合规理念、组织体系建设、制度建设等。合规通常包括两个方面：

●遵守法律、法规及监管规定。

●遵守企业伦理和内部规章以及社会规范、诚信和道德行为准则等。"合规"首先应做到"守法"，"守法"是"合规"的基础。

示例：

LG化学于2012年选任专门的合规负责人，并制定执行合规负责人制度所需的合规管理准则。合规负责人根据合规管理准则，统一管理合规业务，对公司业务及员工进行合规审查，并就具有违法可能性的公司内部标准与行为进行改善。

LG化学于2012年选任专门的合规负责人，并制定执行合规负责人制度所需的合规管理准则。合规负责人根据合规管理准则，统一管理合规业务，对公司业务及员工进行合规审查，并就具有违法可能性的公司内部标准与行为进行改善。

"为实现经营理念的行为方式"是LG化学独有的行为方式，是指以伦理经营为基础，不断增强自身竞争力，开展公平竞争。正道经营不仅意味着简单的伦理经营，而是以伦理经营为基础，通过加强自身竞争力，创造实质性的成果。2018年，LG化学（南京）和LG化学（甬兴）分别成立了正道经营部门，直属于法人长。其他法人也均设有正道经营事务局，推动正道经营活动。

——《中国LG化学2018社会责任报告》（P15－P17）

S1.2 守法合规培训

【指标解读】：主要描述企业组织的守法合规培训活动，包括法律意识培训、行为合规培训等。

示例：

推进法治宣传教育分类施教，开展形式多样的依法合规宣传和教育活动，举办依法依规治企政策宣贯知识竞赛，引导员工自觉依法办事。

——《中国石油化工集团有限公司 2018 社会责任报告》（P7）

S1.3　纳税总额

【指标解读】：指企业在报告期内纳税的总额度。

示例：

依法纳税是企业义不容辞的责任和义务，中国石化坚持依法纳税。2018 年，实现税费 3581 亿元；成立 35 周年来，累计上缴税费近 4 万亿元，为国防、科学、教育、文化、卫生等公共事业建设和民生改善做出应有的贡献。

——《中国石油化工集团有限公司 2018 社会责任报告》（P76）

S1.4　参与全面深化改革

【指标解读】：主要描述企业在各领域支持参与全面深化改革的行动和绩效。全面深化改革涉及企业经营管理的方方面面，包括但不限于国有企业改革、供给侧结构性改革等。

S1.5　带动就业

【指标解读】：促进经济发展与扩大就业相协调是社会和谐稳定的重要基础。根据《中华人民共和国促进就业法》，"国家鼓励各类企业在法律、法规规定的范围内，通过兴办产业或拓展经营，增加就业岗位""国家鼓励企业增加就业岗位，扶持失业人员和残疾人就业"。

S1.6　报告期内吸纳就业人数

【指标解读】：企业在报告期内吸纳的就业人数包括但不限于应届毕业生、社会招聘人员、军转复员人员、农民工、劳务工等。

示例：

报告期内新增就业人数 2925 人。

——《中国 LG 化学 2018 社会责任报告》（P60）

（二）员工责任（S2）

员工责任主要包括员工基本权益保护、薪酬福利、职业健康、员工发展和员工关爱等内容。

S2.1 员工构成情况

【指标解读】：员工构成情况，包括但不限于男女员工人数和比例、少数或其他种族员工人数和比例、残疾人雇佣人数和比例等。

示例：

指标	2016 年	2017 年	2018 年
残疾人雇佣率（%）	0.06	0.06	0.06

——《中国 LG 化学 2018 社会责任报告》（P60）

S2.2 平等雇佣

【指标解读】：主要指企业为保障平等雇佣制定的措施或制度。

示例：

中国石化按照"平等、自愿、协商一致"的原则，与员工签订书面劳动合同，并制定配套的劳动合同管理制度，确保劳动合同严格履行。

——《中国石油化工集团有限公司 2018 社会责任报告》（P59）

S2.3 劳动合同签订率

【指标解读】：劳动合同签订率指报告期内企业员工中签订劳动合同的比率。

S2.4 民主管理

【指标解读】：根据《公司法》《劳动法》《劳动合同法》等规定，企业实行民主管理主要有以下三种形式：职工代表大会、厂务公开以及职工董事、职工监事。此外，职工民主管理委员会、民主协商、总经理信箱等也是民主管理的重要形式。

示例：

中国石化注重员工参与企业管理，完善以职工代表大会制度、职工董事监事制度、厂务公开制度为主要形式的企业民主管理体系；开展合理化建议活动，听取员工意见和建议，保障员工参与企业民主决策、民主管理和民主监督的权利。

——《中国石油化工集团有限公司 2018 社会责任报告》（P59）

S2.5 女性管理者比例

【指标解读】：女性管理者与管理者总数之比，管理者主要指中层以上人员。

示例：

指标	2016 年	2017 年	2018 年
女性管理者人数（总监级以上）（人）	25	38	36
女性管理者比例（总监级以上）（%）	11	15	14

——《中国 LG 化学 2018 社会责任报告》（P60）

S2.6 雇员隐私管理

【指标解读】：员工具有工作隐私权，赋予员工隐私权是对雇员人格尊严的尊重。企业应建立覆盖招聘、考核等各人力资源管理环节的隐私管理体系。

S2.7 反强迫劳动和骚扰虐待

【指标解读】：强迫劳动指以限制人身自由方法强迫职工劳动；骚扰虐待指践踏员工的尊严，侵犯员工的合法权利，进行寻衅滋事等行为。

示例：

中国石化严格遵守国际、国内法律公约，尊重并维护国际公认的各项人权，自觉抵制任何漠视与践踏人权的行为。

——《中国石油化工集团有限公司 2018 社会责任报告》（P59）

S2.8　多元化和机会平等

【指标解读】：员工多元化关注的重点是，具有不同文化背景和不同需要的人，是否得到了符合他们能力的工作机会。

多元文化可以分为表层多元文化和深层多元文化：

● 表层多元文化是直观的表象，比如性别、高矮胖瘦、教育状态、收入状态和婚姻状况等。

● 深层多元文化是指员工的潜质、价值观和经历等，有些表层多元化容易改变，但深层多元化则不太容易改变。

示例：

LG 化学一直秉承"人才本地化"的海外发展战略，增强公司在海外事业领域的竞争优势。公司坚持用工本地化，让本地员工拥有发言权、建议权以及一定范围的决策权，增加本地员工对企业的认同感和归属感。

——《中国 LG 化学 2018 社会责任报告》（P66）

S2.9　人均带薪年休假天数

【指标解读】：带薪年休假是指劳动者连续工作 1 年以上，就可以享受一定时间的带薪年假。其中，职工累计工作已满 1 年不满 10 年的，年休假 5 天；已满 10 年不满 20 年的，年休假 10 天；已满 20 年的，年休假 15 天。具体操作可参考现行的《职工带薪年休假条例》。

S2.10　薪酬与福利体系

【指标解读】：须披露企业为员工制定的薪酬和福利体系。员工的福利是员工的间接报酬，包括但不限于为减轻员工生活负担和保证职工基本生活而建立的各种补贴、为职工生活提供方便而建立的集体福利设施、为活跃职工文化生活而建立的各种文化体育设施等。

示例：

中国石化坚持为岗位价值、能力水平、业绩贡献付薪的理念，构建多元化激励制度，指导企业强化整体薪酬激励功能；参加当地的养老、医疗、工伤、生育、失业等社会保险；建立统一的企业年金制度。

——《中国石油化工集团有限公司 2018 社会责任报告》（P59）

S2.11　职业健康管理

【指标解读】：描述企业针对员工职业健康的保障措施和绩效，包括正式员工中年度体检的覆盖率和职业健康档案的覆盖率等。

示例：

LG 化学积极完善员工职业健康管理体系，定期组织开展职业健康体检和职业安全健康宣传工作，开展增强健康的活动，预防职业病。2018 年，员工健康档案覆盖率100%。

制定职业病防护制度	严格执行国家有关职业病防治的法律、法规，中国地区各法人制定职业病防护制度，加强对职业病防治工作
组织健康体检	定期为员工进行健康体检和职业病体检，并建立个人职业健康档案；为全体员工及其近亲属提供补充医疗保险
普及职业安全健康理念	开展职业健康培训及安全知识竞赛等活动，增强员工安全健康意识

——《中国 LG 化学 2018 社会责任报告》（P50）

S2.12　工作环境和条件保障

【指标解读】：工作环境和条件指职工在工作中的设施条件、工作环境、劳动强度和工作时间的总和。

示例：

LG 化学致力于为员工打造安全舒适的工作环境。各生产法人对工作场所存在的各种职业危害因素进行定期检测，对检测结果进行公示并采取积极有效的措施减少不利因素，改善工作环境。预约作业前召集相关部门进行危险性评价会，强调防护用具佩戴要求，保护员工不受伤害。

——《中国 LG 化学 2018 社会责任报告》（P50）

S2.13　员工心理健康援助

【指标解读】：企业需针对员工心理健康进行适当的关注和引导。员工心理健康是企业成功的必要因素，企业有责任营造和谐的氛围，帮助员工保持心理健康。

示例：

关心员工心理健康，将安全心理与事故（事件）危机干预纳入员工帮助计划（EAP），关注员工 8 小时外的安全行为，促进员工队伍整体和谐稳定。

——《中国石油化工集团有限公司 2018 社会责任报告》（P60）

S2.14　员工培训体系

【指标解读】：企业培训体系是指在企业内部建立一个系统的、与企业的发展以及员工个人成长相配套的培训管理体系、培训课程体系、培训师资体系以及培训实施体系。

示例：

中国石化按照系统化、体系化培养思路，加强人才队伍梯次建设，构建经营管理人员队伍培训、专业技术人员培训、技能操作人员培训、基本训练的多层次、多样化培训体系。

——《中国石油化工集团公司 2018 社会责任报告》（P61）

S2.15　年度培训绩效

【指标解读】：包括人均培训投入、人均培训时间等培训绩效书数据。

示例：

指标	2016 年	2017 年	2018 年
员工培训投入（万元）	727	733	749
员工培训时长（小时）	272301	273406	273930
员工培训覆盖率（%）	98.9	98.9	99.0

——《中国 LG 化学 2018 社会责任报告》（P63）

S2.16　职业发展通道

【指标解读】：职业通道是指一个员工的职业发展计划，职业通道模式主要分三类：单渠道模式、双通道模式、多通道模式。按职业性质又可分为管理类、技术类、研发类职业通道。

示例：

LG 化学重视员工职业发展，提供职级、职责双向职业发展通道，助力员工成长；积极营造平等竞争、不断成长的工作环境，不断完善中国区人才晋升机制；持续推进中国区法人进行职级体系改善，通过细分职级的方式，缩短初、中级职员晋升年限，激发员工积极性，在促进职员发展的同时提高职员的保有率，更好的适应中国劳动力市场现状，促进中国区公司更可持续发展。

——《中国 LG 化学 2018 社会责任报告》（P62）

S2.17　生活工作平衡

【指标解读】：生活工作平衡，又称工作家庭平衡，是指企业帮助员工认识和正确看待家庭同工作间的关系，调和工作和家庭的矛盾，缓解由于工作家庭关系失衡而给员工造成的压力。

示例：

LG 化学重视员工关怀，积极帮扶困难员工，给予精神和物质的双重支持和关心；关爱女性员工，在特殊时期（如孕期、哺乳期等）提供特殊关怀；关注员工工作和生活的平衡，积极开展多样的文体活动，丰富员工业余生活。

——《中国 LG 化学 2018 社会责任报告》（P62）

S2.18 困难员工帮扶

【指标解读】：主要指企业在帮扶困难员工方面的政策措施以及资金投入。

示例：

走进基层班组、员工家庭，凝聚员工队伍。中国石化坚持"真帮困、帮真困"，落实帮扶救助主体责任，让困难职工切实感受到温暖。2018 年，帮扶救助各类困难群体 118006 人次，支出帮扶救助金 2 亿元。

——《中国石油化工集团有限公司 2018 社会责任报告》（P63）

S2.19 员工满意度

【指标解读】：主要描述企业开展员工满意度调查的过程以及员工满意度调查结果。

示例：

指标	2016 年	2017 年	2018 年
员工满意度（%）	79	79	79

——《中国 LG 化学 2018 社会责任报告》（P60）

S2.20 员工流失率

【指标解读】：员工年度流失率＝年度离职人员总数/（年初员工总数＋年度

入职总数）。

（三）安全生产（S3）

S3.1　安全生产管理体系

【指标解读】：主要描述企业建立安全生产组织体系、制定安全生产规章制度、落实安全生产责任制、采取有效防护措施，以确保员工生命安全的制度和措施。

示例：

LG 化学高度重视企业的安全生产工作，不断完善安全生产管理制度；开展安全生产与教育培训，提高员工安全生产意识和工作能力。

中国 LG 化学	· 设置安全环境部门，负责对 LG 化学安全环境活动的统筹和业务指导
各个生产法人	· 设置专门的安全生产管理部门和专职人员 · 在各个车间、部门进行设有专职或兼职的安全员负责具体的安全生产业务

——《中国 LG 化学 2018 社会责任报告》（P47）

S3.2　安全应急管理机制

【指标解读】：主要描述企业在建立应急管理组织、规范应急处理流程、制定应急预案、开展应急演练等方面的制度和措施。

示例：

2018 年，中国石化加强直属企业应急指挥中心职能，有效提升突发事件信息传递效率和处置速度。拓展专职消防队伍职能，在消防灭火基础上，增加应急堵漏等综合救援任务，开展相应技能培训和实操考核，队伍综合救援能力得到提升。

——《中国石油化工集团有限公司 2018 社会责任报告》（P32）

S3.3 安全教育与培训

【指标解读】：安全培训是指以提高安全监管检查人员、生产经营单位从业人员和从事安全生产工作的相关人员的安全素质为目的的教育培训活动。

示例：

2018 年，中国石化按照验证式、体验式培训的思路，在华南、华北、华东建设了 3 个安全实操培训基地。中安联合、中国石化茂名石化、中国石化中科炼化施工项目推广标准化工地建设，利用验证式实操培训方式，开展作业现场承包商、分包商等各类施工作业人员培训，有效提升了项目施工现场人员的安全技能，为避免事故发挥了积极作用。

——《中国石油化工集团有限公司 2018 社会责任报告》（P31）

S3.4 安全培训绩效

【指标解读】：主要包括安全培训覆盖面、培训次数等数据。

示例：

指标	2016 年	2017 年	2018 年
安全培训人数（人次）	31399	34149	41179
安全培训覆盖率（%）	99.6	82.8	99.6

——《中国 LG 化学 2018 社会责任报告》（P47）

S3.5 安全生产投入

【指标解读】：主要包括劳动保护投入、安全措施投入、安全培训投入等方面的费用。

示例：

指标	2016 年	2017 年	2018 年
安全环境投资费用（百万元）	84	647	110
安全生产投入（万元）	7912	8590	15002
安全生产应急演练次数（次）	158	271	1104
安全培训投入（万元）	94.9	91	53.0

——《中国 LG 化学 2018 社会责任报告》（P47 - P48）

S3.6 安全生产事故数

【指标解读】：主要指企业报告期内披露的安全生产事故数据。

根据安全生产事故（以下简称事故）造成的人员伤亡或者直接经济损失，事故一般分为以下等级：特别重大事故，是指造成 30 人以上死亡，或者 100 人以上重伤（包括急性工业中毒，下同），或者 1 亿元以上直接经济损失的事故；重大事故，是指造成 10 人以上 30 人以下死亡，或者 50 人以上 100 人以下重伤，或者 5000 万元以上 1 亿元以下直接经济损失的事故；较大事故，是指造成 3 人以上 10 人以下死亡，或者 10 人以上 50 人以下重伤，或者 1000 万元以上 5000 万元以下直接经济损失的事故。

S3.7 员工伤亡人数

【指标解读】：主要包括员工工伤人数、员工死亡人数等数据。

S3.8 供应链安全管理体系

【指标解读】："供应链安全"包括程序、制度、规则、技术和解决方案的应用，以应对供应链相关风险，以及经济社会、公民健康和社会有序方面的威胁。本指标是指企业在应对供应链风险、进行供应链安全管理方面的制度和措施。

示例：

我们将供应商、承包商纳入中国石油的安全管理，对其准入、选择、培训、使用、评价和考核进行全过程管理，努力防止和减少供应商和承包商事故发生。

我们强化对承包商监管，持续降低生产经营安全风险：强制外部施工人员培训取证；强化施工现场门禁管理；强化施工过程全时段监督；强化承包商事故责任追究；强化承包商"黑名单"制度。

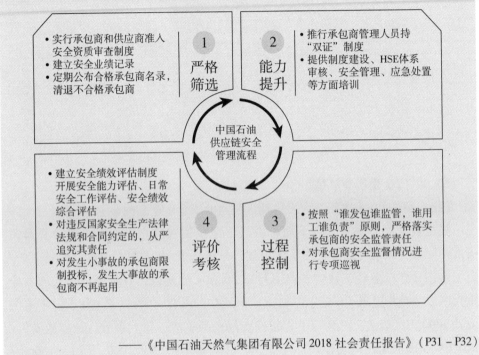

—— 《中国石油天然气集团有限公司2018社会责任报告》（P31-P32）

S3.9 确保运输安全管理体系

【指标解读】：主要描述企业在确保运输安全方面的制度和措施。

S3.10 确保公共安全的制度与措施

【指标解读】：主要描述企业为了维护社会公共安全秩序，保障公民权益，以及社会各项活动的正常进行等方面的制度和措施。

示例：

2018年，中国石化统筹部署博鳌论坛、上合峰会等重大活动公共安全工作，所属企业补充完善技防、物防设施，增派安保力量，加密巡护频次，顺利完成了重大活动期间的安保任务，得到国家有关部委的充分肯定。

公司积极开展油气安保工作，加大涉油气案件的追逃和司法跟踪力度，公司所属重点企业连续多年实现涉油犯罪零发案。

——《中国石油化工集团有限公司 2018 社会责任报告》（P33）

（四）社区责任（S4）

社区责任主要包括本地化运营、公益慈善、志愿服务和精准扶贫四个方面。

S4.1　社区沟通和参与机制

【指标解读】：是指企业新建项目时需建立与社区代表的定期沟通交流等机制，让社区代表参与项目建设与开发。

S4.2　员工本地化政策

【指标解读】：员工本地化是指企业在运营过程中优先雇佣所在地劳动力。其中，员工本地化最重要的是管理层（尤其是高级管理层）的本地化。

示例：

公司通过吸纳和培养当地人才，促进本地化进程。在中国地区，各法人通过在区域内的重点大学进行校园招聘，积极录用大学人才，并随时雇佣符合当地业务需要的优秀社会人才。

——《中国 LG 化学 2018 社会责任报告》（P66）

S4.3　本地化雇佣比例

【指标解读】：主要指本地员工占运营所在地机构员工的比例。

示例：

截至 2018 年底，中国 LG 化学高职位者（总监级以上）本地员工人数为 143 人，同比增长 4%。

——《中国 LG 化学 2018 社会责任报告》（P66）

S4.4 采购本地化政策

【指标解读】：指企业在运营过程中优先采购运营所在地供应商商品。

示例：

我们积极落实本地化战略，优先考虑采购和使用当地产品和服务，为当地承包商及服务商提供参与项目服务的机会，支持当地中小企业和社区创业者发展，为当地创造就业机会。乍得项目积极引入当地承包商和供应商，2018 年与当地承包商、供应商签署 11 个较大金额的合同，合同额 1374 万美元。

——《中国石油天然气集团有限公司 2018 社会责任报告》（P68）

S4.5 支持社区妇女、土著居民、农户、牧民和渔民的发展

【指标解读】：主要描述企业进入社区开展生产经营，应重点确保弱势群体——妇女、土著居民、农民、牧民、渔民的利益，支持这些利益相关方的发展。

示例：

我们在项目开工前，对当地原住民需求、人权影响、文化遗产和非自愿移民等社会、经济影响进行评估，并尽最大可能保障原住民各项合法权益。在土地赔偿方面，我们坚持规范操作，参考当地政府、合作伙伴及原住民的意见制定补偿方案，确保原住民利益，先补偿再用地，及时发布土地赔偿信息，保证工作透明度。

——《中国石油天然气集团有限公司 2018 社会责任报告》（P68）

S4.6 公益方针或主要公益领域

【指标解读】：主要指企业的社会公益政策以及主要的公益实践领域。

示例：

中国石化主动关注民生问题，立足自身业务和资源优势，持续开展"中国石化光明号"健康快车、"情暖驿站·满爱回家"、"爱心加油站·环卫驿站"等公益项目，扶贫济困，改善民生。

——《中国石油化工集团有限公司 2018 社会责任报告》（P77）

S4.7　建立企业公益基金/基金会

【指标解读】：主要描述企业成立的公益基金/基金会以及公益基金/基金会的运营情况。

S4.8　捐赠总额

【指标解读】：主要指企业年度资金捐助以及年度物资捐助总额。

示例：

指标	2014 年	2015 年	2016 年	2017 年	2018 年
主要公益总投入（万元）	100759.27	136603.62	62140.6	108572	72092.6

——《中国石油天然气集团有限公司 2018 社会责任报告》（P70）

S4.9　打造品牌公益项目

【指标解读】：品牌项目指在国家、社会和公众高度关注而发展程度较低的社会、环境领域，企业开展的有一定社会影响力并且取得了显著成效的公益项目。打造品牌公益项目，能够有效发挥其对社会责任工作的重点工作牵引作用和资源整合平台作用。

示例：

中国石化自 2013 年以来，持续开展"情暖驿站·满爱回家——关爱春节返乡务工人员"大型公益活动，以加油站为平台，为返乡摩骑免费加油，为返乡车主提供热粥、姜汤、休息室、母婴室等免费服务，让万千游子回家的路更有温度。

7 年来，超过 3.5 万名志愿者累计服务超过 4000 万人次春运返乡人员，获得社会各界的广泛赞扬。

——《中国石油化工集团有限公司 2018 社会责任报告》（P80）

S4.10 支持志愿者活动的政策、措施

【指标解读】：志愿服务是指不以获得报酬为目的，自愿奉献时间和智力、体力、技能等，帮助其他人、服务社会的公益行为。

示例：

中国石化从点到面、从企业到社会、从活动化到常态化，组织员工参与志愿服务活动，为社会送温暖，传递正能量。"奉献、友爱、互助、进步"的服务精神已经成为一种特殊的"石化文化"。

注册志愿者（万人）	志愿服务队（支）	建立志愿服务基地（个）
20 余	1500 余	2000 余

——《中国石油化工集团有限公司 2018 社会责任报告》（P83）

S4.11 员工志愿者活动绩效

【指标解读】：主要指志愿者活动的时间、人次等数据。其中，志愿者服务时间是指志愿者实际提供志愿服务的时间，以小时为计量单位，不包括往返交通时间。

示例：

中国 LG 化学社会贡献活动绩效

指标	2016 年	2017 年	2018 年
员工志愿服务人数（人次）	1339	1356	1417
员工志愿服务时长（小时）	8964	5942	4660

——《中国 LG 化学 2018 社会责任报告》（P70）

S4.12　助力精准扶贫

【指标解读】：消除贫困是全人类的共同理想，也是当今时代的重要主题。"坚决打赢脱贫攻坚战"和"让贫困人口和贫困地区同全国一道进入全面小康社会"是党和政府的庄严承诺。企业应发挥自身资金、管理、技术、人才全方位优势，为扶贫事业贡献力量。

示例：

从 1988 年开始，中国石化就开始承担扶贫工作任务。党的十八大以来，中国石化深入学习贯彻习近平总书记扶贫工作重要论述，坚决落实党中央脱贫攻坚决策部署，提高政治站位，始终把脱贫攻坚作为重大的政治任务扛在肩上，强化使命担当，心系贫困群众，助力地方打赢打好脱贫攻坚战。目前，中国石化总部和所属 67 家企业承担了 758 个县、村的扶贫任务，2018 年投入扶贫资金 2.3 亿元，奋战在脱贫攻坚一线的扶贫干部有 1994 人，围绕"两不愁、三保障"目标，形成覆盖产业、消费、健康、教育、救济救助、基础设施建设的多维度扶贫模式，全力帮扶定点扶贫和对口支援地区实现脱贫任务，使贫困群众早日过上幸福生活。

——《中国石油化工集团有限公司 2018 社会责任报告》（P10）

S4.13　扶贫专项资金投入

【指标解读】：企业应披露报告期内投入开展扶贫活动的专项资金总额。

示例：

2018 年，中国石化总部承担甘肃东乡县，安徽岳西县、颖上县，湖南凤凰县、泸溪县，新疆岳普湖县的定点扶贫任务，及西藏班戈县、青海泽库县的对口支援任务。全年共投入帮扶资金 1.5 亿元，实施扶贫项目 67 个，受益贫困户 1.3 万户、3.7 万余人。

——《中国石油化工集团有限公司 2018 社会责任报告》（P11）

S4.14 脱贫人口数量

【指标解读】：指通过企业帮扶和地区自身发展而摆脱贫困的人口数量。

> **示例：**
>
> 2018 年，公司继续开展定点扶贫和对口支援，在中国新疆、西藏、青海、重庆、河南、江西、贵州等 7 个省（直辖市、自治区）13 个县（区）投入 9749 万元开展基础设施改造、教育培训、健康医疗和产业合作等扶贫项目 44 个，直接受益建档立卡贫困户 8 万多人。
>
> ——《中国石油天然气集团有限公司 2018 社会责任报告》（P57）

S4.15 与非自愿迁移相关的措施及成效

【指标解读】：本指标是指企业在开展和推进项目时，应对社区居民非自愿迁移的制度及措施。

五、环境绩效（E 系列）

环境绩效主要描述企业在节能减排、应对气候变化、保护环境方面的责任贡献，主要包括绿色管理、绿色生产和绿色运营三个部分，如图 4 - 5 所示。

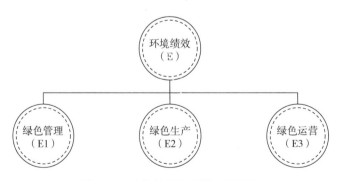

图 4 - 5 环境绩效包括的二级板块

（一）绿色管理（E1）

绿色管理主要包括建立环境管理体系、开展环保宣传教育、推动供应链环境责任、应对气候变化等方面。

E1.1　环境管理体系

【指标解读】：建立环境管理组织体系和制度体系。企业应建立环境管理组织负责公司的环境管理工作，并制定相应计划、执行、检查、改进等环境管理制度。

示例：

LG 化学根据 ISO14001、OHSAS18001、KOSHA18001 等安全健康环境的经营系统，建立并实施安全健康环境方针、战略课题及目标，并对系统进行第三方认证，通过分析检验结果进一步完善系统环境。

方针：

对内外公布 LG 化学的安全环境经营理念，提出始终如一的安全环境政策方向，从而在全社会范围内奠定优化的安全环境经营体系的基础。

规定：

以规定公司整体的业务、组织、机构、身份等相关的基本准则及业务基本实施方针管理公司的所有业务。

要领：

规定中涉及的业务处理程序和实行相关标准的具体方法、方式及其他业务所必要的统一的程序和办法。

内部规定：

以各事业场（韩国总部、工厂、研究所等）独立业务为基准的非永久性且可变的业务处理程序与标准。

——《中国 LG 化学 2018 社会责任报告》（P51）

E1.2 环保预警及应急机制

【指标解读】：应建立环境预警机制，以识别、监测和评估潜在的事故或紧急情况，采取措施预防和减少可能的环境影响，针对各种环境事故制定并演练应急预案。

示例：

中国石化把环境风险防控纳入企业常态化管理，从加强环境风险管控、提升应急处理能力、完善污染物监测等方面不断提高公司环境风险防控水平，保障企业和公共安全。

加强环境风险管控	· 现场督导重大环境风险 · 实施隐患治理，减少环境风险物质量，实现重大环境风险源降级
提升应急处置能力	· 健全企业、车间及各岗位环境突发事件应急处置预案，推广应急处置卡，不断理顺应急处置流程，规范企业各层级应急预案编制工作 · 持续开展突发环境事件应急演练，不断增强企业应急救援队伍应急指挥、应急物资储备、现场应急处置及应急监测能力
完善污染物在线监控平台	· 实现对所属企业（国、省、市）控源的有效监控和预警 · 建立月/季度通报制度，完善考核管理办法，持续督促企业做好环境在线监控设施运维管理，确保排放口稳定达标排放

——《中国石油化工集团有限公司 2018 社会责任报告》（P49）

E1.3 环保技术研发与应用

【指标解读】：描述企业在环保技术研发和应用方面的激励制度和相关实践。

示例：

中国石化不断加大高端环保产品的研发力度和推广力度，成功推出"爱跑98"环保汽油、燃油宝、柴油车尾气处理液、柴油车降凝剂、窗净宝等多种环保产品，降低有害尾气排放。

柴油车尾气处理液是一种氮氧化物选择性催化还原剂，用 32.5% 的超纯度尾气处理液和纯水合成，柴油车"喝"下这种尾气处理液后，尾气排放中的氮氧化物就能被分解为无污染的氮气和水蒸气，能减少柴油车尾气中 90% 的氮氧化物和 80% 的颗粒物，再通过提高汽缸内的温度和压力，降低 PM 的排放，从而满足国Ⅵ标准对 PM、氮氧化物的限制。

——《中国石油化工集团有限公司 2018 社会责任报告》（P42）

E1.4　环境指标统计核算体系方法

【指标解读】：企业披露环境指标统计核算的体系方法，包括数据口径、当量换算方式等。

E1.5　环保培训和宣教

【指标解读】：是指企业对员工（或利益相关方）开展的关于环境保护方面的培训或宣传工作。

示例：

LG 化学深知在各组织机构内进行安全健康环境教育培训的必要性，针对员工及合作公司制定年度教育培训计划，持续开展环境教育，增强环境保护意识。

● 根据职位及职务，培训内容各不相同。
● 以整个组织机构内教育员工为对象进行培训。
● 以新员工及职务变更为对象进行教育。
● 以特殊作业员工为对象进行教育。
● 对合作公司员工进行定期教育。

——《中国 LG 化学 2018 社会责任报告》（P52）

E1.6　建设绿色供应链

【指标解读】：指企业将环保原则纳入供应商管理机制中，并采取相应的管理评价措施。通过绿色采购、绿色运营、环保培训等方式，减轻产业链环境负荷。

E1.7 支持绿色低碳产业发展

【指标解读】：发展绿色低碳产业是应对全球共性问题、推进持续发展的共同行动。本指标主要描述以绿色低碳技术创新和应用为重点，引导绿色发展，推广绿色产品，大幅提升新能源汽车和新能源应用比例，全面推进高效节能、先进环保和资源循环利用产业体系建设，推动新能源汽车、新能源和节能环保等绿色低碳产业形成支柱产业。

示例：

我们深知科学技术应用对控制温室气体排放、应对气候变化的重要性，开展了二氧化碳驱油与埋存、咸水层和油藏碳封存潜力评估、自备电厂烟道气二氧化碳捕集等重要碳减排技术研究。在吉林油田建成国内首个二氧化碳分离、捕集和驱油等全产业链 CCUS 基地，截至 2018 年底，累计封存二氧化碳 138.5 万吨，《CO2 驱油及埋存配套技术及应用》获得国家能源局技术进步一等奖。

——《中国石油天然气集团有限公司 2018 社会责任报告》（P41）

E1.8 环保总投资

【指标解读】：环保总投资是指年度投入环境保护的资金总额。

示例：

指标	2016 年	2017 年	2018 年
环境投资费用（百万元）	7	238	37

——《中国 LG 化学 2018 社会责任报告》（P52）

E1.9 应对气候变化

【指标解读】：描述企业通过自身行动减缓气候变化速率和缓解适应气候变化带来的生态系统退化。

示例:

面对全球能源转型与气候变化问题,我们携手国内外能源企业,共同探寻解决危机之道。2018 年,我们努力探寻提高能效的路径、寻找天然气最佳利用的模式、研究碳捕集和封存(CCUS)技术的商业化,共同推进能源行业为应对气候变化做出贡献。

——《中国石油天然气集团有限公司 2018 社会责任报告》(P24)

E1.10 碳汇

【指标解读】:描述通过植树造林、森林管理、植被恢复等措施,利用植物光合作用吸收大气中的二氧化碳,并将其固定在植被和土壤中,从而减少温室气体在大气中浓度的过程、活动或机制。

示例:

我们支持中国碳汇林建设和植树造林活动,与国家林业局共同发起成立中国碳汇基金持续推进碳汇林建设。公司还成立绿化委员会,在厂区、矿区、生活区持续做好绿化。截至 2018 年底,中国石油矿区绿地面积 2.93 亿平方米,生活基地绿化覆盖率 44.59%。全年共有 59.99 万人次参与义务植树活动,植树 203.2 万株。

——《中国石油天然气集团有限公司 2018 社会责任报告》(P41)

(二)绿色生产(E2)

绿色生产主要包括绿色设计、节能节水、减少"三废"排放和绿色包装运输等方面。

E2.1 绿色设计

【指标解读】:描述企业在产品设计过程中的环境保护考量。

示例：

开展在未来新事业方面的技术研究，生产能够节能环保的下一代先进材料及产品，持续提高环保产品的比重。

——《中国LG化学2018社会责任报告》（P57）

E2.2　采购和使用环保原材料

【指标解读】：企业优先购买和使用对环境负面影响较小的环境标志产品，促进企业环境行为的改善，推动绿色消费。

示例：

● 从采购源头理清所采购的化学品的理化性质、健康危害、安全特性、应急处置措施等信息，加强对化学品的管理，确保产品绿色环保。

● 从原材料阶段开始遵循产品环境管理要领，对管理对象物质进行严格确认，并按照危险物质的风险将管理对象划分为三个阶段。

● 在采购材料时，只有通过相关管理规定才能进行采购，对不能满足LG化学有害物质要求的原材料不采购。同时，加强对供应商的资质审核，优先采购通过ISO14000认证供应商的产品。

——《中国LG化学2018社会责任报告》（P57）

E2.3　节约能源政策措施

【指标解读】：节约能源是指通过加强用能管理，从能源生产到消费的各个环节，降低能耗、减少损失和污染物排放、制止浪费，有效、合理地利用能源。

示例：

LG化学按照《能源管理体系要求》（GB/T23331—2012），要求各法人将能源管理工作与用能全过程和生产经营管理全过程相结合，建立能源管理体系。通过制定能源绩效指标，综合运用节能措施、技术和方法，明确能源管理职责目标，以及考核和激励措施等，使法人的能源管理各项工作形成协调一致的有机整体，提高能源利用效率。

——《中国 LG 化学 2018 社会责任报告》（P53）

E2.4 提高能源使用效率

【指标解读】：能源使用效率指在企业在生产过程中管理能量消耗，提高发挥作用的实际消耗占实际消耗的能源比。

示例：

中国石化大力推进能源环境一体化管理，推进"能效提升"计划，充分挖掘节能潜能，提高资源利用率。

——《中国石油化工集团有限公司 2018 社会责任报告》（P43）

E2.5 全年能源消耗总量及减少量

【指标解读】：能源消耗总量是指报告期内企业生产和运营所直接消耗的各种能源和减少的能源用量折合标准煤数量。一般情况下，纳入统计核算的常规能源产品（实物量）分为五大类，即煤、油、气、电、其他燃料。

示例：

指标	2016 年	2017 年	2018 年
能源使用总量（TCE）	316846	362214	412377

——《中国 LG 化学 2018 社会责任报告》（P54）

E2.6 单位产值综合耗能

【指标解读】：单位产值综合耗能指报告期内企业综合能耗与报告期内净产值之比，通常以万元产值综合能耗/万元增加值综合能耗为单位进行计量。

示例：

指标	2016 年	2017 年	2018 年
单位能源使用量（TCE/吨产品）	0.17	0.15	0.08

——《中国 LG 化学 2018 社会责任报告》（P54）

E2.7　使用清洁能源的政策、措施

【指标解读】：清洁能源是指环境污染物和二氧化碳等温室气体零排放或者低排放的一次能源，主要包括天然气、核电、水电及其他新能源和可再生能源等。新能源是指在新技术基础上开发利用的非常能源，包括风能、太阳能、海洋能、地热能、生物质能、氢能、核聚变能、天然气水合物等；可再生能源是指风能、太阳能、水能、生物质能、地热能、海洋能等连续、可再生的非化石能源。

示例：

中国石化积极探索拓展新能源、新材料领域，发展页岩气、煤层气等非常规油气资源，规模化开发地热资源，推广使用生物航煤、生物柴油等生物质新能源，探索研发煤化工资源，为社会提供可持续发展新动能。

——《中国石油化工集团有限公司 2018 社会责任报告》（P23）

E2.8　清洁能源使用量或比重

【指标解读】：是指企业在报告期内对新能源、可再生能源或清洁能源的使用数量或比重。

示例：

6 年内清洁能源产量占比超过 50%。

——《中国石油化工集团有限公司 2018 社会责任报告》（P39）

E2.9 节约水资源政策、措施

【指标解读】：企业要完善企业节水管理，加强定额管理，完善用水量，加强节水技术改造，推进工业废水回用，提高水资源重复利用率，提高职工节水意识。

示例：

LG 化学注重废水管理工作，确保废水达标排放。2018 年废水回收量达 1812323 立方米，废水回收率 33.5%。

——《中国 LG 化学 2018 社会责任报告》（P55）

E2.10 年度新鲜水用水量

【指标解读】：工业用新鲜水量指报告期内企业厂区内用于生产和生活的新鲜水量（生活用水单独计量且生活污水不与工业废水混排的除外），它等于企业从城市自来水取用的水量和企业自备水用量之和。

示例：

公司本年度新鲜水总用量 185.9 万吨。

——《中国海洋石油有限公司环境、社会及管治报告》（P80）

E2.11 单位工业增加值新鲜水耗

【指标解读】：工业增加值指全部企业工业增加值，不限于规模以上企业工业增加值。单位工业增加值新鲜水耗 = 工业用新鲜水量/工业增加值。

E2.12 减少废气排放的政策、措施或技术

【指标解读】：一般情况下，企业生产废气主要包括二氧化硫、二氧化氮、可吸入颗粒物、大气细颗粒物等。

示例：

LG 化学对生产、处理等环节产生的废气进行全面处理，持续投入资金进行技术升级，有效降低生产过程中的废气排放。

——《中国 LG 化学 2018 社会责任报告》（P55）

E2.13 废气排放量及减排量

【指标解读】：主要指报告期内企业的废气排放量及减排量。

示例：

指标	2016 年	2017 年	2018 年
挥发性有机气体单位排放量（千克/吨产品）	0.058	0.127	0.044
颗粒物单位排放量（千克/吨产品）	0.007	0.025	0.008
氮氧化物单位排放量（千克/吨产品）	0.081	0.087	0.046
硫氧化物单位排放量（千克/吨产品）	0.003	0.005	0.005
氨氮单位排放量（千克/吨产品）	0.013	0.015	0.004

——《中国 LG 化学 2018 社会责任报告》（P55）

E2.14 减少废水排放的政策、措施或技术

【指标解读】：本指标所指废水主要指报告期内企业生产的生活污水以及生产废水。

示例：

中国石化持续推进污水场升级改造，提升污水场预处理效果，增加脱氮除磷设施，扩充污水场处理能力，按要求增加总氮、总磷在线监测设施等，确保废水达标排放。

——《中国石油化工集团有限公司 2018 社会责任报告》（P51）

E2.15 废水排放量及减排量

【指标解读】：主要指报告期内企业的废水排放量及减排量。

示例：

指标	2016 年	2017 年	2018 年
废水单位排放量（立方米/吨产品）	2.23	1.51	1.06
废水回收量（立方米）	1717230	3092106	1812323

——《中国 LG 化学 2018 社会责任报告》（P55）

E2.16　减少废弃物排放的制度、措施或技术

【指标解读】：主要指报告期内企业减少固体废弃物排放的制度或措施。

示例：

LG 化学对生产过程中的各类废弃物进行分类处理和综合利用，对于一般废弃物进行焚烧、填埋等统一资源化管理。

——《中国 LG 化学 2018 社会责任报告》（P56）

E2.17　废弃物排放量及减排量

【指标解读】：主要指报告期内企业产生和处置的废弃物量。

示例：

指标	2016 年	2017 年	2018 年
废弃物总量（吨）	44389	56100	59225
其中：再利用（吨）	18139	26259	34457
焚化销毁（吨）	18748	22079	19721
填埋（吨）	1836	681	2556
单位废弃物产生量（吨/吨产品）	0.024	0.023	0.012
废弃物回收利用率（％）	40.9	46.8	58.2

——《中国 LG 化学 2018 社会责任报告》（P56）

E2.18　发展循环经济政策、措施

【指标解读】：循环经济是指在生产、流通和消费等过程中进行的减量化、再利用、资源化活动的总称，其中，减量化是指在生产、流通和消费等过程中减少资源消耗和废物产生；再利用是指将废物直接作为产品或者修复、翻新、再制造后继续作为产品使用，或者将废物的全部或者部分作为其他产品的部件予以使用；资源化是指将废物直接作为原料进行利用或者废物进行再利用。

示例：

中国石化积极探索优化资源再利用方式，发展低碳循环经济，大力提高资源利用率，实现经济和环保"双收益"。

油田板块	加大油气田低压放空天然气等资源回收利用，加强伴生气凝液的回收处理。推广压裂返排液及采油污水深度处理回用技术。继续推进"以污代清"注水工程实施，减少新鲜注水和"二次注水"。优选钻井泥浆添加剂，推广钻井废液不落地技术，实现油基岩屑再利用
炼化板块	发挥炼化一体化优势，从全工艺流程深入挖掘资源循环利用潜力，推广热联合、余热余压利用新技术。提高炼化厂副产品利用率和烟气处理副产物产品化率。加快炼化废催化剂、油泥、剩余活性污泥综合利用示范工程建设

——《中国石油化工集团有限公司2018社会责任报告》（P46）

E2.19　循环经济发展绩效

【指标解读】：主要指废旧金属、报废电子产品、报废机电设备及其零部件、废造纸原料（如废纸、废棉等）、废轻工原料（如橡胶、塑料、农药包装物、动物杂骨、毛发等）、废玻璃等再生资源的循环利用程度。

示例：

海南福山油田勘探开发有限责任公司践行绿色石油勘探开发和清洁生产。投资6000万元建成公司上游第一个废弃物处理中心，实现废弃物全部无害化处理和循环再利用。

——《中国石油天然气集团有限公司2018社会责任报告》（P36）

E2. 20　绿色包装

【指标解读】：主要指企业在进行产品包装时采取减量化包装、包装物循环使用等方式，减小产品包装物对环境的影响。

E2. 21　制成品所用包装材料的总量（以吨计算）及（如适用）每单位占量

【指标解读】：描述报告期所用包装材料总量及每单位占量。

E2. 22　绿色运输

【指标解读】：描述企业对产品/原材料运输过程的环境保护考量。

示例：

推行绿色运输，降低对环境的负面影响。

——《中国 LG 化学 2018 社会责任报告》（P57）

E2. 23　产品/人力运输过程中对环境的影响

【指标解读】：描述运输过程中对环境的影响以及相关的对策或应对措施。

E2. 24　减少温室气体排放的计划及行动

【指标解读】：温室气体是指任何会吸收和释放红外线辐射并存在于大气中的气体。《京都议定书》中规定控制的 6 种温室气体为二氧化碳、甲烷、氧化亚氮、氢氟碳化合物、全氟碳化合物、六氟化硫。

示例：

LG 化学为了减少温室气体排放量和能源使用量，树立了到 2020 年将温室气体排放量与预测值（BAU）相比减少 23%、减少中长期能源原单位的目标。

——《中国 LG 化学 2018 社会责任报告》（P54）

E2. 25　温室气体排放量及减排量

【指标解读】：单位产值的温室气体排放量及减排情况。

示例：

指标	2016 年	2017 年	2018 年
温室气体排放总量（吨）	1645350	1623622	1923736
温室气体单位排放量（吨 CO_2/吨产品）	0.89	0.68	0.38

——《中国 LG 化学 2018 社会责任报告》（P54）

E2.26　防止石油泄漏的制度、措施及技术

【指标解读】：石油泄漏是指在石油勘探、开发、炼制及储运过程中，由于意外事故或操作失误，造成原油或油品从作业现场或储器里外泄，溢油流向地面、水面、海滩或海面，同时，由于油质成分的不同，形成薄厚不等的一片油膜。本指标指企业在石油勘探、开发、炼制和运储过程中防止石油泄漏所采取的制度、措施及技术。

E2.27　溢油应急管理

【指标解读】：溢油应急管理亦称溢油应急计划，是指企业根据可能产生的溢油源、海区环境及资源状况，制定的紧急对付溢油事故的措施。

示例：

公司开展溢油风险分析评估，强化实战演练和技能训练，完善溢油应急预案，打造专业化队伍。2018 年，胜利油田评估发现，所在海区内的石油勘探开发设施、管网电网、船舶等分布高度集中，滩海油田受海洋环境气候长期侵蚀，存在坍塌、破损、锈蚀等多重风险，为此组织开展溢油风险分析和溢油影响评估，并修订增补应急预案体系，制定细化开放水域、半开放水域、滩海陆岸溢油处置方案，建立滩浅海溢油处置应急体系。

——《中国石油化工股份有限公司 2018 可持续发展报告》（P42）

E2.28　石油泄漏次数

【指标解读】：指报告期内企业发生的石油泄漏次数。

示例：

2017 年石油和成品油经营溢油量 0.3 万吨，比 2016 年减少约 60%。2016 年，作业泄漏的数量从 72 次增加到 99 次。我们将选择适当的方案来改善业务泄漏数量的长期趋势。

指标	2017 年	2016 年	2015 年
石油泄漏次数	99	72	108

——《荷兰皇家壳牌 2017 可持续发展报告》（P55、P68）

E2.29 石油泄漏总量

【指标解读】：指报告期内企业发生的石油泄漏量。

示例：

指标	2017 年	2016 年	2015 年
石油泄漏量（千吨）	1.2	1.0	1.0

——《荷兰皇家壳牌 2017 可持续发展报告》（P68）

E2.30 石油泄漏污染治理措施

【指标解读】：石油污染是指石油开采、运输、装卸、加工和使用等过程中，由于泄漏和排放石油引起的污染，对土壤、水体、空气以及人类健康造成严重危害。本指标指企业应对石油泄漏污染治理所采取的措施和行动。

E2.31 化学品泄漏发生次数

【指标解读】：化学品泄漏是指在生产、储运、使用等过程中，由于意外事故或操作失误，造成化学品从作业现场或储器里外泄，流向地面、水面等。化学品由于其特殊的化学属性，易发生燃烧、爆炸、中毒等恶性事故。

E2.32 化学品泄漏总量

【指标解读】：指报告期内企业发生的化学品泄漏量。

E2.33 化学品泄漏污染治理措施

【指标解读】：化学品泄漏污染是指化学品在生产、储运、使用等过程中，由于泄漏和排放化学品引起的污染，对土壤、水体、空气以及人类健康造成严重危害。本指标是指企业应对化学品泄漏污染治理所采取的措施和行动。

示例：

公司组织开展了泄漏管理专题研讨，交流研讨密封、堵漏、检测等相关技术，建立完善泄漏检测机制和泄漏管理台账，逐点治理，逐项消除。企业积极采用新型垫片，推广定力矩紧固等技术手段，泄漏率大幅下降。

——《中国石油化工集团有限公司 2018 社会责任报告》（P32）

E2.34 生产噪声治理的制度、措施及技术

【指标解读】：生产噪声是指企业在生产过程中所产生的干扰周围生活环境的声音。生产噪声在一定程度上会影响人体健康。

E2.35 异味治理的制度、措施及技术

【指标解读】：异味主要指恶臭，包括炼油厂、化工厂、污水处理厂等排放的废气、废水和废弃物中含有的气味，使人产生不愉快和难以忍受的感觉，损害人类生活环境。

E2.36 地下水污染防控技术

【指标解读】：地下水污染主要指人类活动引起地下水化学成分、物理性质和生物学特性发生改变而使质量下降的现象。地表以下地层复杂，地下水流动极其缓慢，因此，地下水污染具有过程缓慢、不易发现和难以治理的特点。本指标指石化企业在石油勘探、开发过程中避免对地下水产生影响，防止其受污染的措施及技术。

示例：

我们评估深层土壤和地下水污染风险。对石油污染的风险进行研究，并与政府机构分享研究结果，以支持制定环境指南。例如，在中国，环境法规正在兴起，为应对快速的城市化进程，政府将大量受污染的土地重新用于生产。2017 年，

我们分享了被油气活动污染的土地方面的专业知识，帮助中国监管机构和研究机构开发全面、可持续、基于风险的土地治理方法。

——《荷兰皇家壳牌2017可持续发展报告》（P54）

E2.37 危险化学品仓储、运输和废弃管理

【指标解读】：仓储、运输和废弃管理是化学危险品的全生命过程的重要环节。仓储管理一般包括储存场所的要求、储存危险化学品的标志、储存安排及储存量限制、化学品养护等；运输管理一般包括运输危险货物的相应设施设备的管理与维护等；废弃管理是指对废弃化学品的处理。

示例：

遵守国家《危险化学品安全管理条例》等相关危险品法律法规，加强危险化学品的仓储、运输和废弃等全生命周期管理。危险废弃物交由具备处理资质的单位处置。

——《中国LG化学2018社会责任报告》（P56）

E2.38 公开披露使用和排放的有毒有害物质的数量和类型以及对人类和环境的风险

【指标解读】：指企业公开披露使用和排放的有毒有害物质的数量和类型以及对人类和环境的风险。

示例：

指标	2016年	2017年	2018年
有害化学物质（有毒物质）单位排放量（吨/吨产品）	0.308	0.6	0.342

——《中国LG化学2018社会责任报告》（P57）

E2.39 油田伴生气回收的制度、措施及绩效

【指标解读】：油田气亦称油田伴生气，指在开采石油的同时所采出的天然气。本指标指在石油开采过程中，企业采取一定的制度措施及技术回收伴生气，

减少伴生气燃烧量，促进资源的有效利用。

> **示例：**
>
> 加大油气田低压放空天然气等资源回收利用，加强伴生气凝液的回收处理。
>
> ——《中国石油化工集团有限公司 2018 社会责任报告》（P46）

E2.40　污油回收再利用的制度、措施及绩效

【指标解读】：污油指设备污油、废油以及燃油输送管路和滑油输送管路的漏油。污油回收指通过相关的专业措施将污油进行处理，重新再使用。

E2.41　化工产品回收再利用的制度、措施及绩效

【指标解读】：主要指企业在报告期内采用回收废旧产品以及废旧产品再利用的制度、措施及技术。此处的化工产品包含但不限于合成树脂、合成纤维原料及聚合物、合成橡胶、尿素等。

E2.42　绿色化工产品认证比例

【指标解读】：主要指企业生产的产品通过绿色认证的比例。

（三）绿色运营（E3）

绿色运营主要包括绿色办公、保护生态、环保公益等方面。

E3.1　绿色办公措施

【指标解读】：绿色办公政策或措施，包括但不限于以下内容：夏季空调温度不低于 26 度；办公区采用节能灯具照明，且做到人走灯灭；办公区生活用水回收再利用；推广无纸化办公，且打印纸双面使用；办公垃圾科学分类；推行视频会议减少员工出行等。

> **示例：**
>
> LG 化学积极倡导绿色办公，鼓励员工践行绿色办公理念，节水节电，节约纸张，从小事做起，营造绿色工作环境。
>
> ——《中国 LG 化学 2018 社会责任报告》（P52）

E3.2　绿色办公绩效

【指标解读】：包括办公用电量、用水量、用纸量以及垃圾处理量等方面的数据。

E3.3　生态恢复与治理

【指标解读】：生态恢复是指对生态系统停止人为干扰，以减轻负荷压力，依靠生态系统的自我调节能力与自我组织能力使其向有序的方向进行演化，或者利用生态系统的自我恢复能力，辅以人工措施，使遭到破坏的生态系统逐步恢复或使生态系统向良性循环方向发展。生态恢复的目标是创造良好的条件，促进一个群落发展成为由当地物种组成的完整生态系统，或为当地的各种动物提供相应的栖息环境。本指标说明了企业在生态恢复与重建方面所做的工作。油区生态恢复与重建，有助于促进社区生态文明建设。

示例：

中国石化注重对生态环境的保护，加强识别、分析环境敏感区和环境风险，作业时尽量避开环境脆弱区和生态涵养区对油气田废弃矿井周围、油气输送管线沿线进行生态恢复和复垦复耕，降低生产经营对生态环境的影响。实施生物多样性保护，打造健康和谐的生态家园。2018 年，中国石化未发生损害生物多样性的事件。

——《中国石油化工集团有限公司 2018 社会责任报告》（P52）

E3.4　保护生物多样性

【指标解读】：根据《生物多样性公约》，"生物多样性"是指所有来源的活的生物体中的多样性，这些来源包括陆地、海洋和其他水生生态系统及其所构成的生态综合体；还包括物种内、物种之间和生态系统的多样性。一般而言，在涉及生物多样性保护的项目中，组织可采取以下两种方式保护生物多样性。①就地保护，就地保护是指为了保护生物多样性，把包含保护对象在内的一定面积的陆地或水分划分出来，进行保护和管理。就地保护的对象，主要包括有代表性的自然生态系统和珍稀濒危动植物的天然集中分布区等。就地保护是生物多样性保护中最为有效的一项措施。②迁地保护，迁地保护是指为了保护生物多样性，把因生存条件不复存在，物种数量极少或难以找到配偶的原因，把生存和繁衍受到严重威胁的物种迁出原地，移入动物园、植物园、水族馆和濒危动物繁殖中心，进行特殊的保护和管理，是对就地保护的补充。迁地保护的最高目标是建立野生群落。

示例：

我们致力于减少生产运营可能给生态环境和生物多样性带来的潜在影响，积极预防并努力修复因生产运营和自身活动造成的环境影响。全面排查整改环境污染、生态破坏问题，并通过降噪、减排等多种方式减少对生态环境的影响，尽最大努力减少耕地占用，做好水土保护、植被恢复，努力恢复作业区域生态环境，保护生物多样性。

——《中国石油天然气集团有限公司 2018 社会责任报告》（P36）

E3.5　零净砍伐

【指标解读】：森林的零净砍伐和零净退化，是指当企业使用木质生物源产品时应尽可能采用可持续的资源，如再生木制品或速生林木制品，减少碳汇的损耗。

E3.6　环保公益活动

【指标解读】：环保公益活动是指企业出人、出物或出钱赞助和支持某项环保公益事业的活动。

示例：

2018 年 4 月，中国石化巴陵石化携手岳阳市云溪区政府，联合组织企业和地方志愿者开展义务植树活动。近年来，中国石化巴陵石化连续开展"保护母亲河""水公益"等绿色环保志愿服务行动，每年有超过 2000 名志愿者参与，义务植树 6000 棵左右。

——《中国石油化工集团有限公司 2018 社会责任报告》（P83）

六、报告后记（A 系列）

报告后记部分主要包括对未来规划、关键绩效、企业荣誉、报告评价、参考索引、意见反馈六个方面，如图 4 - 6 所示。

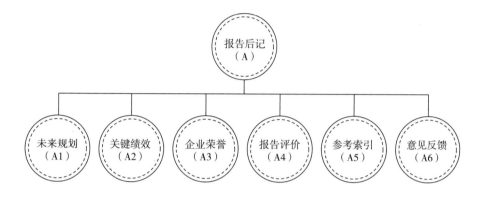

图 4 - 6　报告后记包括的二级板块

（一）未来计划（A1）

公司对社会责任工作的规划。本部分主要描述企业对公司社会责任工作四个方面（责任管理、市场绩效、社会绩效和环境绩效）的规划与计划。

示例：

为了人类更加美好的未来，LG 化学持续追求 LG Way 经营理念和行动方式，致力于成为"顾客价值创新领袖"。将社会责任与企业日常经营相融合，不断提高履行社会责任的能力，努力回应利益相关方关切。

未来，LG 化学将继续秉持"正道经营"理念，开启技术转型，以尖端材料和高新科技持续为顾客创造价值，引领产业升级；坚持科技创新，做顾客的"Solution Partner"，服务美好生活；注重安全生产和绿色环保，共同守护健康绿

色家园；悉心关爱员工，与员工共同成长；积极投身公益事业，向社会传递温暖与希望。

——《中国 LG 化学 2018 社会责任报告》（P86）

（二）关键绩效表（A2）

这里主要指企业年度社会责任关键数据的集中展示。关键责任绩效主要从定量的角度出发披露公司在报告期内取得的重大责任绩效，包括但不限于以下内容：财务绩效，客户责任绩效，伙伴责任绩效，员工责任绩效，社区责任绩效，环境责任绩效等。

（三）企业荣誉表（A3）

企业年度社会责任重要荣誉的集中体现，主要指公司报告期内在责任管理、市场责任、社会责任和环境责任方面获得的重大荣誉奖项。

模板：

荣誉类别	评奖机构	荣誉称号
责任管理类	…	…
市场绩效类	…	…
社会绩效类	…	…
环境管理类	…	…

（四）报告评价（A4）

社会责任专家或行业专家、利益相关方或专业机构对报告的评价。本部分主要描述企业社会责任报告的可信性。报告评价主要有以下四种形式：

● 专家点评。即由社会责任研究专家或行业专家对企业社会责任报告的科学性、可信性以及报告反映的企业社会责任工作信息进行点评。

● 利益相关方评价。即由企业的利益相关方（股东、客户、供应商、员工、合作伙伴等）对企业社会责任报告的科学性、可信性以及报告反映的企业社会责任工作信息进行评价。

● 报告评级。即由"中国企业社会责任报告评级专家委员会"从报告的完整性、实质性、平衡性、可比性、可读性和创新性等方面对报告做出评价，出具评级报告。

● 报告审验。即由专业机构对企业社会责任报告进行审验。

（五）参考索引（A5）

对本指南要求披露指标的采用情况。本部分主要描述企业对报告编写参考指南的应用情况，即对报告编写参考指南要求披露的各条信息企业进行披露的情况。

模板：

《CASS－CSR4.0报告指南》指标索引

	指标编号	指标描述	披露位置	披露情况
报告前言	P1.1	质量保证	封1	完全采用
	…	…	…	…
责任管理	G1.1	企业使命、愿景、价值观		
	…	…	…	…
市场绩效	M1.1	规范公司治理		
	…	…	…	…
社会绩效	S1.1	守法合规体系建设		
	…	…	…	…
环境绩效	E1.1	环境管理体系		
	…	…	…	…

（六）意见反馈（A6）

本部分主要内容为读者意见调查表以及读者意见反馈的渠道。

模板：

本报告是××向社会公开发布的第××份企业社会责任报告，为持续改进公司社会责任工作，不断提高履行社会责任的能力和水平，我们非常希望倾听您的意见和建议。恳请您协助完成反馈意见表中提出的相关问题，并选择以下方式反馈给我们。

公司　　部门

中国　省（市）　区　路　号

邮政编码：

联系电话：

电子邮箱：

您的信息：

姓名：　　　工作单位：

职务：　　　联系电话：

E–mail：

意见反馈：

1. 您对公司社会责任报告的总体评价是：

好　　较好　　一般

2. 您认为本报告是否能反映公司对经济、社会和环境的重大影响：

高　　较高　　一般　　较低　　低

3. 您认为本报告所披露信息、数据、指标的清晰、准确、完整度如何：

好　　较好　　一般　　差　　不了解

4. 您最满意本报告哪一方面？

5. 您希望进一步了解哪些信息？

6. 您对我们今后发布报告还有哪些建议？

七、指标速查表

（一）行业特征指标表

类别	指标名称	定性指标（●） 定量指标（⊕）	核心指标（★） 扩展指标（☆）
市场绩效（M系列）（7个）			
M2.1	能源供应战略体系	●	★
M2.2	常规能源开发利用（如石油、天然气等）的措施及绩效	●/⊕	★
M2.3	非常规能源开发利用（页岩气、煤层气等）的措施及绩效	●/⊕	★
M2.4	油气储运网络建设及绩效	●/⊕	★
M2.15	产品质量与安全管理	●/⊕	★
M2.16	油品质量升级	●/⊕	★
M2.42	绿色化工产品认证比例	●	☆
M3.13	推进国际能源合作	●	☆
社会绩效（S系列）（4个）			
S3.8	供应链安全管理体系	●/⊕	☆
S3.9	确保运输安全管理体系	●	★
S3.10	确保公共安全的制度与措施	●	★
S4.15	与非自愿迁移相关的措施及成效	●/⊕	★
环境绩效（E系列）（17）			
E2.26	防止石油泄漏的制度、措施及技术	●	★
E2.27	溢油应急管理	●	★
E2.28	石油泄漏次数	⊕	★
E2.29	石油泄漏总量	⊕	★
E2.30	石油泄漏污染治理措施	●	★
E2.31	化学品泄漏发生次数	⊕	★

类别	指标名称	定性指标（●）	核心指标（★）
		定量指标（⊕）	扩展指标（☆）
E2.32	化学品泄漏总量	⊕	★
E2.33	化学品泄漏污染治理措施	●	★
E2.34	生产噪声治理的制度、措施及技术	●	★
E2.35	异味治理的制度、措施及技术	●	★
E2.36	地下水污染防控技术	●	☆
E2.37	危险化学品仓储、运输和废弃管理	●	★
E2.38	公开披露使用和排放的有毒有害物质的数量和类型以及对人类和环境的风险	●	☆
E2.39	油田伴生气回收的制度、措施及绩效	●	☆
E2.40	污油回收再利用的制度、措施及绩效	⊕	☆
E2.41	化工产品回收再利用的制度、措施及绩效	●	☆
E2.42	绿色化工产品认证比例	⊕	☆

（二）核心指标表

类别	指标名称	定性指标（●）
		定量指标（⊕）
	第一部分：报告前言（P系列）	
	（P1）报告规范	
P1.2	信息说明	●
P1.3	报告体系	●
	（P2）高管致辞	
P2.1	履行社会责任的形势分析与战略考量	●
P2.2	年度社会责任工作进展	●
	（P3）责任聚焦	
P3.1	社会责任重大事件	●
P3.2	社会责任重点议题进展及成效	●
	（P4）企业简介	
P4.1	组织架构及运营地域	●

续表

类别	指标名称	定性指标（●）定量指标（⊕）
P4.2	主要产品、服务和品牌	●
P4.3	企业规模与影响力	●
第二部分：责任管理（G系列）		
（G1）愿景		
G1.1	使命、愿景、价值观	●
G1.2	社会责任理念或口号	●
（G2）战略		
G2.1	实质性社会责任议题识别与管理	●
G2.2	社会责任战略规划与年度计划	●
（G3）组织		
G3.1	企业高层参与社会责任工作	●
G3.2	社会责任领导机构及工作机制	●
G3.3	社会责任组织体系及职责分工	●
（G4）制度		
G4.1	制定社会责任管理制度	●
G4.2	构建社会责任指标体系	●
G4.3	开展社会责任考核或评优	●/⊕
（G5）文化		
G5.1	组织社会责任培训	●/⊕
G5.2	开展社会责任理论研究	●
（G6）参与		
G6.1	识别和回应利益相关方诉求	●
G6.2	社会责任内外部沟通机制和活动	●
第三部分：市场绩效（M系列）		
（M1）股东责任		
M1.1	规范公司治理	●
M1.3	反腐败（廉洁管理）	●
M1.4	合规信息披露	●/⊕
M1.6	成长性	⊕
M1.7	收益性	⊕

类别	指标名称	定性指标（●） 定量指标（⊕）
M1.8	安全性	⊕
（M2）客户责任		
M2.1	能源供应战略体系	●
M2.2	常规能源开发利用（如石油、天然气等）的措施及绩效	●/⊕
M2.3	非常规能源开发利用（页岩气、煤层气等）的措施及绩效	●/⊕
M2.4	油气储运网络建设及绩效	●/⊕
M2.5	产品质量与安全管理	●/⊕
M2.6	油品质量升级	●/⊕
M2.7	产品合格率	●
M2.8	坚持创新驱动	●
M2.9	研发投入	●
M2.10	科技工作人员数量	⊕
M2.11	新增专利数	⊕
M2.12	科技成果转化	●
M2.14	严禁虚假或者引人误解的宣传	●
M2.19	客户信息保护	●
M2.20	主动售后服务体系	●
M2.21	积极应对消费者投诉	●
M2.22	投诉解决率	⊕
M2.23	止损与赔偿	●/⊕
M2.24	客户满意度	●/⊕
（M3）伙伴责任		
M3.1	坚持诚信经营公平竞争	●
M3.3	战略共享机制和平台	●
M3.4	保护知识产权	●
M3.6	针对供应商的社会责任政策、倡议和要求	●
M3.8	供应商社会责任审查的流程与方法	●
M3.9	报告期内审查的供应商数量	⊕
M3.11	供应商社会责任培训	●
M3.12	供应商社会责任培训绩效	⊕

类别	指标名称	定性指标（●） 定量指标（⊕）
\multicolumn{3}{c}{第四部分：社会绩效（S系列）}		
\multicolumn{3}{c}{（S1）政府责任}		
S1.1	守法合规体系建设	●
S1.2	守法合规培训	●/⊕
S1.3	纳税总额	⊕
S1.4	参与全面深化改革	●
S1.5	带动就业	●
S1.6	报告期内吸纳就业人数	⊕
\multicolumn{3}{c}{（S2）员工责任}		
S2.1	员工构成情况	●/⊕
S2.2	平等雇佣	●
S2.3	劳动合同签订率	⊕
S2.4	民主管理	●
S2.6	雇员隐私管理	●
S2.9	人均带薪年休假天数	⊕
S2.10	薪酬与福利体系	●/⊕
S2.11	职业健康管理	●/⊕
S2.12	工作环境和条件保障	●
S2.14	员工培训体系	●/⊕
S2.15	年度培训绩效	⊕
S2.16	职业发展通道	●
S2.19	员工满意度	⊕
S2.20	员工流失率	⊕
\multicolumn{3}{c}{（S3）安全生产}		
S3.1	安全生产管理体系	●
S3.2	安全应急管理机制	●
S3.3	安全教育与培训	●/⊕
S3.4	安全培训绩效	⊕
S3.5	安全生产投入	⊕
S3.6	安全生产事故数	⊕

类别	指标名称	定性指标（●） 定量指标（⊕）
S3.7	员工伤亡人数	⊕
S3.9	确保运输安全管理体系（包含产品运输安全、油气运输安全等）	●
S3.10	确保公共安全的制度与措施	●
（S4）社区责任		
S4.2	员工本地化政策	●
S4.3	本地化雇佣比例	⊕
S4.4	采购本地化政策	●
S4.6	公益方针或主要公益领域	●
S4.7	建立企业公益基金/基金会	●
S4.8	捐赠总额	⊕
S4.10	支持志愿者活动的政策、措施	●
S4.11	员工志愿者活动绩效	⊕
S4.12	助力精准扶贫	●
S4.13	扶贫专项资金投入	⊕
S4.14	脱贫人口数量	⊕
S4.15	与非自愿迁移相关的措施及成效	●/⊕
第五部分：环境绩效（E系列）		
（E1）绿色管理		
E1.1	环境管理体系	●
E1.2	环保预警及应急机制	●
E1.3	环保技术研发与应用	●
E1.5	环保培训和宣教	●
E1.7	支持绿色低碳产业发展	⊕
E1.8	环保总投资	⊕
E1.9	应对气候变化	●
（E2）绿色生产		
E2.1	绿色设计	●
E2.3	节约能源政策措施	●
E2.4	提高能源使用效率	●
E2.6	单位产值综合耗能	⊕

续表

类别	指标名称	定性指标（●） 定量指标（⊕）
E2.7	使用清洁能源的政策、措施	●
E2.9	节约水资源政策、措施	●
E2.10	年度新鲜水用水量	⊕
E2.12	减少废气排放的政策、措施或技术	●/⊕
E2.13	废气排放量及减排量	⊕
E2.14	减少废水排放的政策、措施或技术	●
E2.15	废水排放量及减排量	⊕
E2.16	减少废弃物排放的制度、措施或技术	●
E2.17	废弃物排放量及减排量	⊕
E2.18	发展循环经济政策、措施	●
E2.19	循环经济发展绩效	⊕
E2.20	绿色包装	●
E2.22	绿色运输	●
E2.24	减少温室气体排放的计划及行动	●
E2.25	温室气体排放量及减排量	⊕
E2.26	防止石油泄漏的制度、措施及技术	●
E2.27	溢油应急管理	●
E2.28	石油泄漏次数	⊕
E2.29	石油泄漏总量	⊕
E2.30	石油泄漏污染治理措施	●
E2.31	化学品泄漏发生次数	⊕
E2.32	化学品泄漏总量	⊕
E2.33	化学品泄漏污染治理措施	●
E2.34	生产噪声治理的制度、措施及技术	●
E2.35	异味治理的制度、措施及技术	●
E2.37	危险化学品仓储、运输和废弃管理	●
（E3）绿色运营		
E3.1	绿色办公措施	●
E3.2	绿色办公绩效	●
E3.6	环保公益活动	●/⊕

类别	指标名称	定性指标（●） 定量指标（⊕）
第六部分：报告后记（A系列）		
（A1）	未来规划：公司对社会责任工作的规划	●/⊕
（A5）	参考索引：对本指南要求披露指标的采用情况	●
（A6）	意见反馈：读者意见调查表及读者意见反馈渠道	●

（三）通用指标表

类别	指标名称	定性指标（●） 定量指标（⊕）	核心指标（★） 扩展指标（☆）
第一部分：报告前言（P系列）			
（P1）报告规范			
P1.1	质量保证	●	☆
P1.2	信息说明	●	★
P1.3	报告体系	●	★
（P2）高管致辞			
P2.1	履行社会责任的形势分析与战略考量	●	★
P2.2	年度社会责任工作进展	●	★
（P3）责任聚焦			
P3.1	社会责任重大事件	●	★
P3.2	社会责任重点议题进展及成效	●	★
（P4）企业简介			
P4.1	组织架构及运营地域	●	★
P4.2	主要产品、服务和品牌	●	★
P4.3	企业规模与影响力	●	★
P4.4	报告期内规模、结构、所有权或供应链的重大变化	●	☆
第二部分：责任管理（G系列）			
（G1）愿景			
G1.1	使命、愿景、价值观	●	★
G1.2	社会责任理念或口号	●	★

续表

类别	指标名称	定性指标（●） 定量指标（⊕）	核心指标（★） 扩展指标（☆）
（G2）战略			
G2.1	实质性社会责任议题识别与管理	●	★
G2.2	社会责任战略规划与年度计划	●	★
G2.3	推动社会责任融入企业发展战略与日常经营	●	☆
（G3）组织			
G3.1	企业高层参与社会责任工作	●	★
G3.2	社会责任领导机构及工作机制	●	★
G3.3	社会责任组织体系及职责分工	●	★
（G4）制度			
G4.1	制定社会责任管理制度	●	★
G4.2	构建社会责任指标体系	●	★
G4.3	开展社会责任考核或评优	●/⊕	★
（G5）文化			
G5.1	组织社会责任培训	●/⊕	★
G5.2	开展社会责任理论研究	●	★
（G6）参与			
G6.1	识别和回应利益相关方诉求	●	★
G6.2	社会责任内外部沟通机制和活动	●	★
G6.3	加入的社会责任组织或公约	●	☆
第三部分：市场绩效（M系列）			
（M1）股东责任			
M1.1	规范公司治理	●	★
M1.2	最高治理机构及其委员会的提名和甄选过程	●	☆
M1.3	反腐败（廉洁管理）	●	★
M1.4	合规信息披露	●/⊕	★
M1.5	保护中小投资者利益	●	☆
M1.6	成长性	⊕	★
M1.7	收益性	⊕	★
M1.8	安全性	⊕	★

类别	指标名称	定性指标（●）	核心指标（★）
		定量指标（⊕）	扩展指标（☆）
（M2）客户责任			
M2.1	能源供应战略体系	●	★
M2.2	常规能源开发利用（如石油、天然气等）的措施及绩效	●/⊕	★
M2.3	非常规能源开发利用（页岩气、煤层气等）的措施及绩效	●/⊕	★
M2.4	油气储运网络建设及绩效	●/⊕	★
M2.5	产品质量与安全管理	●/⊕	★
M2.6	油品质量升级	●/⊕	★
M2.7	产品合格率	●	★
M2.8	坚持创新驱动	●	★
M2.9	研发投入	●	★
M2.10	科技工作人员数量	⊕	★
M2.11	新增专利数	⊕	★
M2.12	科技成果产业化	●	★
M2.13	科研平台建设	●/⊕	☆
M2.14	严禁虚假或者引人误解的宣传	●	★
M2.15	产品知识普及或客户培训	●	☆
M2.16	潜在风险警示	●	☆
M2.17	公平交易	●	☆
M2.18	倡导可持续消费	●	☆
M2.19	客户信息保护	●	★
M2.20	主动售后服务体系	●	★
M2.21	积极应对消费者投诉	●	★
M2.22	投诉解决率	⊕	★
M2.23	止损与赔偿	●/⊕	★
M2.24	客户满意度	●/⊕	★
（M3）伙伴责任			
M3.1	坚持诚信经营公平竞争	●	★
M3.2	经济合同履约率	⊕	☆

续表

类别	指标名称	定性指标（●） 定量指标（⊕）	核心指标（★） 扩展指标（☆）
M3.3	战略共享机制和平台	●	★
M3.4	保护知识产权	●	★
M3.5	助力行业发展	●	☆
M3.6	针对供应商的社会责任政策、倡议和要求	●	★
M3.7	因为社会责任不合规被否决的潜在供应商数量	⊕	☆
M3.8	供应商社会责任审查的流程与方法	●	★
M3.9	报告期内审查的供应商数量	⊕	★
M3.10	因为社会责任不合规被终止合作的供应商数量	⊕	☆
M3.11	供应商社会责任培训	●	★
M3.12	供应商社会责任培训绩效	⊕	★
M3.13	推进国际能源合作	●	☆
第四部分：社会绩效（S 系列）			
（S1）政府责任			
S1.1	守法合规体系建设	●	★
S1.2	守法合规培训	●/⊕	★
S1.3	纳税总额	⊕	★
S1.4	参与全面深化改革	●	★
S1.5	带动就业	●	★
S1.6	报告期内吸纳就业人数	⊕	★
（S2）员工责任			
S2.1	员工构成情况	●/⊕	★
S2.2	平等雇佣	●	★
S2.3	劳动合同签订率	⊕	★
S2.4	民主管理	●	★
S2.5	女性管理者比例	⊕	☆
S2.6	雇员隐私管理	●	★
S2.7	反强迫劳动和骚扰虐待	●	☆
S2.8	多元化和机会平等	●	☆
S2.9	人均带薪年休假天数	⊕	★
S2.10	薪酬与福利体系	●/⊕	★

类别	指标名称	定性指标（●）	核心指标（★）
		定量指标（⊕）	扩展指标（☆）
S2.11	职业健康管理	●/⊕	★
S2.12	工作环境和条件保障	●	★
S2.13	员工心理健康援助	●	☆
S2.14	员工培训体系	●/⊕	★
S2.15	年度培训绩效	⊕	★
S2.16	职业发展通道	●	★
S2.17	工作生活平衡	●	☆
S2.18	困难员工帮扶	●/⊕	☆
S2.19	员工满意度	⊕	★
S2.20	员工流失率	⊕	★
（S3）安全生产			
S3.1	安全生产管理体系	●	★
S3.2	安全应急管理机制	●	★
S3.3	安全教育与培训	●/⊕	★
S3.4	安全培训绩效	⊕	★
S3.5	安全生产投入	⊕	★
S3.6	安全生产事故数	⊕	★
S3.7	员工伤亡人数	⊕	★
S3.8	供应链安全管理体系	●/⊕	☆
S3.9	确保运输安全管理体系	●	★
S3.10	确保公共安全的制度与措施	●	★
（S4）社区责任			
S4.1	社区沟通和参与机制	●	☆
S4.2	员工本地化政策	●	★
S4.3	本地化雇佣比例	⊕	★
S4.4	采购本地化政策	●	★
S4.5	支持社区妇女、土著居民、农户、牧民和渔民的发展	●	☆
S4.6	公益方针或主要公益领域	●	★

续表

类别	指标名称	定性指标（●） 定量指标（⊕）	核心指标（★） 扩展指标（☆）
S4.7	建立企业公益基金/基金会	●	★
S4.8	捐赠总额	⊕	★
S4.9	打造品牌公益项目	●	☆
S4.10	支持志愿者活动的政策、措施	●	★
S4.11	员工志愿者活动绩效	⊕	★
S4.12	助力精准扶贫	●	★
S4.13	扶贫专项资金投入	⊕	★
S4.14	脱贫人口数量	⊕	★
S4.15	与非自愿迁移相关的措施及成效	●/⊕	★

第五部分：环境绩效（E 系列）

（E1）绿色管理

类别	指标名称		
E1.1	环境管理体系	●	★
E1.2	环保预警及应急机制	●	★
E1.3	环保技术研发与应用	●	★
E1.4	环境指标统计核算体系方法	⊕	☆
E1.5	环保培训和宣教	●	★
E1.6	建设绿色供应链	⊕	☆
E1.7	支持绿色低碳产业发展	⊕	★
E1.8	环保总投资	⊕	★
E1.9	应对气候变化	●	★
E1.10	碳汇	●/⊕	☆

（E2）绿色生产

类别	指标名称		
E2.1	绿色设计	●	★
E2.2	采购和使用环保原材料	●	☆
E2.3	节约能源政策措施	●	★
E2.4	提高能源使用效率	●	★
E2.5	全年能源消耗总量及减少量	⊕	☆
E2.6	单位产值综合耗能	⊕	★
E2.7	使用清洁能源的政策、措施	●	★
E2.8	清洁能源使用量或比重	⊕	☆

续表

类别	指标名称	定性指标（●）	核心指标（★）
		定量指标（⊕）	扩展指标（☆）
E2.9	节约水资源政策、措施	●	★
E2.10	年度新鲜水用水量	⊕	★
E2.11	单位工业增加值新鲜水耗	⊕	☆
E2.12	减少废气排放的政策、措施或技术	●/⊕	★
E2.13	废气排放量及减排量	⊕	★
E2.14	减少废水排放的政策、措施或技术	●	★
E2.15	废水排放量及减排量	⊕	★
E2.16	减少废弃物排放的制度、措施或技术	●	★
E2.17	废弃物排放量及减排量	⊕	★
E2.18	发展循环经济政策、措施	●	★
E2.19	循环经济发展绩效	⊕	★
E2.20	绿色包装	●	★
E2.21	制成品所用包装材料的总量（以吨计算）及（如适用）每单位占量	⊕	☆
E2.22	绿色运输	●	★
E2.23	产品/人力运输过程中对环境的影响	●	☆
E2.24	减少温室气体排放的计划及行动	●	★
E2.25	温室气体排放量及减排量	⊕	★
E2.26	防止石油泄漏的制度、措施及技术	●	★
E2.27	溢油应急管理	●	★
E2.28	石油泄漏次数	⊕	★
E2.29	石油泄漏总量	⊕	★
E2.30	石油泄漏污染治理措施	●	★
E2.31	化学品泄漏发生次数	⊕	★
E2.32	化学品泄漏总量	⊕	★
E2.33	化学品泄漏污染治理措施	●	★
E2.34	生产噪声治理的制度、措施及技术	●	★
E2.35	异味治理的制度、措施及技术	●	★
E2.36	地下水污染防控技术	●	☆
E2.37	危险化学品仓储、运输和废弃管理	●	★

续表

类别	指标名称	定性指标（●）	核心指标（★）
		定量指标（⊕）	扩展指标（☆）
E2.38	公开披露使用和排放的有毒有害物质的数量和类型以及对人类和环境的风险	●	☆
E2.39	油田伴生气回收的制度、措施及绩效	●	☆
E2.40	污油回收再利用的制度、措施及绩效	⊕	☆
E2.41	化工产品回收再利用的制度、措施及绩效	●	☆
E2.42	绿色化工产品认证比例	⊕	☆
（E3）绿色运营			
E3.1	绿色办公措施	●	★
E3.2	绿色办公绩效	●	★
E3.3	生态恢复与治理	●	☆
E3.4	保护生物多样性	●	☆
E3.5	零净砍伐	●	☆
E3.6	环保公益活动	●/⊕	★
第六部分：报告后记（A系列）			
（A1）	未来规划：公司对社会责任工作的规划	●/⊕	★
（A2）	关键绩效：企业年度社会责任关键数据的集中展示	●/⊕	☆
（A3）	企业荣誉：企业年度社会责任重要荣誉的集中展示	●	☆
（A4）	报告评价：社会责任专家或行业专家、利益相关方或专业机构对报告的评价	●	☆
（A5）	参考索引：对本指南要求披露指标的采用情况	●	★
（A6）	意见反馈：读者意见调查表及读者意见反馈渠道	●	★

（四）石油与天然气勘探开采与加工业通用指标表

类别	指标名称	定性指标（●）	核心指标（★）
		定量指标（⊕）	扩展指标（☆）
第一部分：报告前言（P系列）			
（P1）报告规范			
P1.1	质量保证	●	☆
P1.2	信息说明	●	★

类别	指标名称	定性指标（●）	核心指标（★）
		定量指标（⊕）	扩展指标（☆）
P1.3	报告体系	●	★
（P2）高管致辞			
P2.1	履行社会责任的形势分析与战略考量	●	★
P2.2	年度社会责任工作进展	●	★
（P3）责任聚焦			
P3.1	社会责任重大事件	●	★
P3.2	社会责任重点议题进展及成效	●	★
（P4）企业简介			
P4.1	组织架构及运营地域	●	★
P4.2	主要产品、服务和品牌	●	★
P4.3	企业规模与影响力	●	★
P4.4	报告期内规模、结构、所有权或供应链的重大变化	●	☆
第二部分：责任管理（G 系列）			
（G1）愿景			
G1.1	使命、愿景、价值观	●	★
G1.2	社会责任理念或口号	●	★
（G2）战略			
G2.1	实质性社会责任议题识别与管理	●	★
G2.2	社会责任战略规划与年度计划	●	★
G2.3	推动社会责任融入企业发展战略与日常经营	●	☆
（G3）组织			
G3.1	企业高层参与社会责任工作	●	★
G3.2	社会责任领导机构及工作机制	●	★
G3.3	社会责任组织体系及职责分工	●	★
（G4）制度			
G4.1	制定社会责任管理制度	●	★
G4.2	构建社会责任指标体系	●	★
G4.3	开展社会责任考核或评优	●/⊕	★
（G5）文化			
G5.1	组织社会责任培训	●/⊕	★

续表

| 类别 | 指标名称 | 定性指标（●） | 核心指标（★） |
		定量指标（⊕）	扩展指标（☆）
G5.2	开展社会责任理论研究	●	★
（G6）参与			
G6.1	识别和回应利益相关方诉求	●	★
G6.2	社会责任内外部沟通机制和活动	●	★
G6.3	加入的社会责任组织或公约	●	☆
第三部分：市场绩效（M系列）			
（M1）股东责任			
M1.1	规范公司治理	●	★
M1.2	最高治理机构及其委员会的提名和甄选过程	●	☆
M1.3	反腐败（廉洁管理）	●	★
M1.4	合规信息披露	●/⊕	★
M1.5	保护中小投资者利益	●	☆
M1.6	成长性	⊕	★
M1.7	收益性	⊕	★
M1.8	安全性	⊕	★
（M2）客户责任			
M2.1	能源供应战略体系	●	★
M2.2	常规能源开发利用（如石油、天然气等）的措施及绩效	●/⊕	★
M2.3	非常规能源开发利用（页岩气、煤层气等）的措施及绩效	●/⊕	★
M2.4	油气储运网络建设及绩效	●/⊕	★
M2.5	产品质量与安全管理	●/⊕	★
M2.6	油品质量升级	●/⊕	★
M2.7	产品质量合格率	●	★
M2.8	坚持创新驱动	●	★
M2.9	研发投入	●	★
M2.10	科技工作人员数量	⊕	★
M2.11	新增专利数	⊕	★
M2.12	科技成果产业转化	●	★

续表

| 类别 | 指标名称 | 定性指标（●） | 核心指标（★） |
		定量指标（⊕）	扩展指标（☆）
M2.13	科研平台建设	●/⊕	☆
M2.14	严禁虚假或者引人误解的宣传	●	★
M2.15	产品知识普及或客户培训	●	☆
M2.16	潜在风险警示	●	☆
M2.17	公平交易	●	☆
M2.18	倡导可持续消费	●	☆
M2.19	客户信息保护	●	★
M2.20	主动售后服务体系	●	★
M2.21	积极应对消费者投诉	●	★
M2.22	投诉解决率	⊕	★
M2.23	止损与赔偿	●/⊕	★
M2.24	客户满意度	●/⊕	★
（M3）伙伴责任			
M3.1	坚持诚信经营公平竞争	●	★
M3.2	经济合同履约率	⊕	☆
M3.3	战略共享机制和平台	●	★
M3.4	保护知识产权	●	★
M3.5	助力行业发展	●	☆
M3.6	针对供应商的社会责任政策、倡议和要求	●	★
M3.7	因为社会责任不合规被否决的潜在供应商数量	⊕	☆
M3.8	供应商社会责任审查的流程与方法	●	★
M3.9	报告期内审查的供应商数量	⊕	★
M3.10	因为社会责任不合规被终止合作的供应商数量	⊕	☆
M3.11	供应商社会责任培训	●	★
M3.12	供应商社会责任培训绩效	⊕	☆
M3.13	推进国际能源合作	●	☆
第四部分：社会绩效（S系列）			
（S1）政府责任			
S1.1	守法合规体系建设	●	★

类别	指标名称	定性指标（●） 定量指标（⊕）	核心指标（★） 扩展指标（☆）
S1.2	守法合规培训	●/⊕	★
S1.3	纳税总额	⊕	★
S1.4	参与全面深化改革	●	★
S1.5	带动就业	●	★
S1.6	报告期内吸纳就业人数	⊕	★
(S2) 员工责任			
S2.1	员工构成情况	●/⊕	★
S2.2	平等雇佣	●	★
S2.3	劳动合同签订率	⊕	★
S2.4	民主管理	●	★
S2.5	女性管理者比例	⊕	☆
S2.6	雇员隐私管理	●	★
S2.7	反强迫劳动和骚扰虐待	●	☆
S2.8	多元化和机会平等	●	☆
S2.9	人均带薪年休假天数	⊕	★
S2.10	薪酬与福利体系	●/⊕	★
S2.11	职业健康管理	●/⊕	★
S2.12	工作环境和条件保障	●	★
S2.13	员工心理健康援助	●	☆
S2.14	员工培训体系	●/⊕	★
S2.15	年度培训绩效	⊕	★
S2.16	职业发展通道	●	★
S2.17	工作生活平衡	●	☆
S2.18	困难员工帮扶	●/⊕	☆
S2.19	员工满意度	⊕	★
S2.20	员工流失率	⊕	★
(S3) 安全生产			
S3.1	安全生产管理体系	●	★
S3.2	安全应急管理机制	●	★
S3.3	安全教育与培训	●/⊕	★
S3.4	安全培训绩效	⊕	★

续表

类别	指标名称	定性指标（●）	核心指标（★）
		定量指标（⊕）	扩展指标（☆）
S3.5	安全生产投入	⊕	★
S3.6	安全生产事故数	⊕	★
S3.7	员工伤亡人数	⊕	★
S3.8	供应链安全管理体系	●/⊕	☆
S3.9	确保运输安全管理体系	●	★
S3.10	确保公共安全的制度与措施	●	★
（S4）社区责任			
S4.1	社区沟通和参与机制	●	☆
S4.2	员工本地化政策	●	★
S4.3	本地化雇佣比例	⊕	★
S4.4	采购本地化政策	●	★
S4.5	支持社区妇女、土著居民、农户、牧民和渔民的发展	●	☆
S4.6	公益方针或主要公益领域	●	★
S4.7	建立企业公益基金/基金会	●	★
S4.8	捐赠总额	⊕	★
S4.9	打造品牌公益项目	●	☆
S4.10	支持志愿者活动的政策、措施	●	★
S4.11	员工志愿者活动绩效	⊕	★
S4.12	助力精准扶贫	●	★
S4.13	扶贫专项资金投入	⊕	★
S4.14	脱贫人口数量	⊕	★
S4.15	与非自愿迁移相关的措施及成效	●/⊕	★
第五部分：环境绩效（E系列）			
（E1）绿色管理			
E1.1	环境管理体系	●	★
E1.2	环保预警及应急机制	●	★
E1.3	环保技术研发与应用	●	★
E1.4	环境指标统计核算体系方法	⊕	☆
E1.5	环保培训和宣教	●	★
E1.6	建设绿色供应链	⊕	☆

类别	指标名称	定性指标（●） 定量指标（⊕）	核心指标（★） 扩展指标（☆）
E1.7	支持绿色低碳产业发展	⊕	★
E1.8	环保总投资	⊕	★
E1.9	应对气候变化	●	★
E1.10	碳汇	●/⊕	☆
（E2）绿色生产			
E2.1	绿色设计	●	★
E2.2	采购和使用环保原材料	●	☆
E2.3	节约能源政策措施	●	★
E2.4	提高能源使用效率	●	★
E2.5	全年能源消耗总量及减少量	⊕	☆
E2.6	单位产值综合耗能	⊕	★
E2.7	使用清洁能源的政策、措施	●	★
E2.8	清洁能源使用量或比重	⊕	☆
E2.9	节约水资源政策、措施	●	★
E2.10	年度新鲜水用水量	⊕	★
E2.11	单位工业增加值新鲜水耗	⊕	☆
E2.12	减少废气排放的政策、措施或技术	●/⊕	★
E2.13	废气排放量及减排量	⊕	★
E2.14	减少废水排放的政策、措施或技术	●	★
E2.15	废水排放量及减排量	⊕	★
E2.16	减少废弃物排放的制度、措施或技术	●	★
E2.17	废弃物排放量及减排量	⊕	★
E2.18	发展循环经济政策、措施	●	★
E2.19	循环经济发展绩效	⊕	★
E2.20	绿色包装	●	★
E2.21	制成品所用包装材料的总量（以吨计算）及（如适用）每单位占量	⊕	☆
E2.22	绿色运输	●	★
E2.23	产品/人力运输过程中对环境的影响	●	☆
E2.24	减少温室气体排放的计划及行动	●	★
E2.25	温室气体排放量及减排量	⊕	★

续表

类别	指标名称	定性指标（●）	核心指标（★）
		定量指标（⊕）	扩展指标（☆）
E2.26	防止石油泄漏的制度、措施及技术	●	★
E2.27	溢油应急管理	●	★
E2.28	石油泄漏次数	⊕	★
E2.29	石油泄漏总量	⊕	★
E2.30	石油泄漏污染治理措施	●	★
E2.34	生产噪声治理的制度、措施及技术	●	★
E2.35	异味治理的制度、措施及技术	●	★
E2.36	地下水污染防控技术	●	☆
E2.38	公开披露使用和排放的有毒有害物质的数量和类型以及对人类和环境的风险	●	☆
E2.39	油田伴生气回收的制度、措施及绩效	●	☆
E2.40	污油回收再利用的制度、措施及绩效	⊕	☆
（E3）绿色运营			
E3.1	绿色办公措施	●	★
E3.2	绿色办公绩效	●	★
E3.3	生态恢复与治理	●	☆
E3.4	保护生物多样性	●	☆
E3.5	零净砍伐	●	☆
E3.6	环保公益活动	●/⊕	★
第六部分：报告后记（A 系列）			
（A1）	未来规划：公司对社会责任工作的规划	●/⊕	★
（A2）	关键绩效：企业年度社会责任关键数据的集中展示	●/⊕	☆
（A3）	企业荣誉：企业年度社会责任重要荣誉的集中展示	●	☆
（A4）	报告评价：社会责任专家或行业专家、利益相关方或专业机构对报告的评价	●	☆
（A5）	参考索引：对本指南要求披露指标的采用情况	●	★
（A6）	意见反馈：读者意见调查表及读者意见反馈渠道	●	★

· 144 ·

（五）化工业通用指标表

类别	指标名称	定性指标（●）	核心指标（★）
		定量指标（⊕）	扩展指标（☆）
第一部分：报告前言（P系列）			
（P1）报告规范			
P1.1	质量保证	●	☆
P1.2	信息说明	●	★
P1.3	报告体系	●	★
（P2）高管致辞			
P2.1	履行社会责任的形势分析与战略考量	●	★
P2.2	年度社会责任工作进展	●	★
（P3）责任聚焦			
P3.1	社会责任重大事件	●	★
P3.2	社会责任重点议题进展及成效	●	★
（P4）企业简介			
P4.1	组织架构及运营地域	●	★
P4.2	主要产品、服务和品牌	●	★
P4.3	企业规模与影响力	●	★
P4.4	报告期内规模、结构、所有权或供应链的重大变化	●	☆
第二部分：责任管理（G系列）			
（G1）愿景			
G1.1	使命、愿景、价值观	●	★
G1.2	社会责任理念或口号	●	★
（G2）战略			
G2.1	实质性社会责任议题识别与管理	●	★
G2.2	社会责任战略规划与年度计划	●	★
G2.3	推动社会责任融入企业发展战略与日常经营	●	☆
（G3）组织			
G3.1	企业高层参与社会责任工作	●	★
G3.2	社会责任领导机构及工作机制	●	★
G3.3	社会责任组织体系及职责分工	●	★

类别	指标名称	定性指标（●）	核心指标（★）
		定量指标（⊕）	扩展指标（☆）
（G4）制度			
G4.1	制定社会责任管理制度	●	★
G4.2	构建社会责任指标体系	●	★
G4.3	开展社会责任考核或评优	●/⊕	★
（G5）文化			
G5.1	组织社会责任培训	●/⊕	★
G5.2	开展社会责任理论研究	●	★
（G6）参与			
G6.1	识别和回应利益相关方诉求	●	★
G6.2	社会责任内外部沟通机制和活动	●	★
G6.3	加入的社会责任组织或公约	●	☆
第三部分：市场绩效（M系列）			
（M1）股东责任			
M1.1	规范公司治理	●	★
M1.2	最高治理机构及其委员会的提名和甄选过程	●	☆
M1.3	反腐败（廉洁管理）	●	★
M1.4	合规信息披露	●/⊕	★
M1.5	保护中小投资者利益	●	☆
M1.6	成长性	⊕	★
M1.7	收益性	⊕	★
M1.8	安全性	⊕	★
（M2）客户责任			
M2.5	产品质量与安全管理	●/⊕	★
M2.7	产品合格率	●	★
M2.8	坚持创新驱动	●	★
M2.9	研发投入	●	★
M2.10	科技工作人员数量	⊕	★
M2.11	新增专利数	⊕	★
M2.12	科技成果产业化	●	★

续表

类别	指标名称	定性指标（●） 定量指标（⊕）	核心指标（★） 扩展指标（☆）
M2.13	科研平台建设	●/⊕	☆
M2.14	严禁虚假或者引人误解的宣传	●	★
M2.15	产品知识普及或客户培训	●	☆
M2.16	潜在风险警示	●	☆
M2.17	公平交易	●	☆
M2.18	倡导可持续消费	●	☆
M2.19	客户信息保护	●	★
M2.20	主动售后服务体系	●	★
M2.21	积极应对消费者投诉	●	★
M2.22	投诉解决率	⊕	★
M2.23	止损与赔偿	●/⊕	★
M2.24	客户满意度	●/⊕	★
（M3）伙伴责任			
M3.1	坚持诚信经营公平竞争	●	★
M3.2	经济合同履约率	⊕	☆
M3.3	战略共享机制和平台	●	★
M3.4	保护知识产权	●	★
M3.5	助力行业发展	●	☆
M3.6	针对供应商的社会责任政策、倡议和要求	●	★
M3.7	因为社会责任不合规被否决的潜在供应商数量	⊕	☆
M3.8	供应商社会责任审查的流程与方法	●	★
M3.9	报告期内审查的供应商数量	⊕	★
M3.10	因为社会责任不合规被终止合作的供应商数量	⊕	☆
M3.11	供应商社会责任培训	●	★
M3.12	供应商社会责任培训绩效	⊕	★
M3.13	推进国际合作	●	☆
第四部分：社会绩效（S系列）			
（S1）政府责任			
S1.1	守法合规体系建设	●	★
S1.2	守法合规培训	●/⊕	★

类别	指标名称	定性指标（●） 定量指标（⊕）	核心指标（★） 扩展指标（☆）
S1.3	纳税总额	⊕	★
S1.4	参与全面深化改革	●	★
S1.5	带动就业	●	★
S1.6	报告期内吸纳就业人数	⊕	★
（S2）员工责任			
S2.1	员工构成情况	●/⊕	★
S2.2	平等雇佣	●	★
S2.3	劳动合同签订率	⊕	★
S2.4	民主管理	●	★
S2.5	女性管理者比例	⊕	☆
S2.6	雇员隐私管理	●	★
S2.7	反强迫劳动和骚扰虐待	●	☆
S2.8	多元化和机会平等	●	☆
S2.9	人均带薪年休假天数	⊕	★
S2.10	薪酬与福利体系	●/⊕	★
S2.11	职业健康管理	●/⊕	★
S2.12	工作环境和条件保障	●	★
S2.13	员工心理健康援助	●	☆
S2.14	员工培训体系	●/⊕	★
S2.15	年度培训绩效	⊕	★
S2.16	职业发展通道	●	★
S2.17	工作生活平衡	●	☆
S2.18	困难员工帮扶	●/⊕	☆
S2.19	员工满意度	⊕	★
S2.20	员工流失率	⊕	★
（S3）安全生产			
S3.1	安全生产管理体系	●	★
S3.2	安全应急管理机制	●	★
S3.3	安全教育与培训	●/⊕	★
S3.4	安全培训绩效	⊕	★
S3.5	安全生产投入	⊕	★

类别	指标名称	定性指标（●） 定量指标（⊕）	核心指标（★） 扩展指标（☆）
S3.6	安全生产事故数	⊕	★
S3.7	员工伤亡人数	⊕	★
S3.8	供应链安全管理体系	●/⊕	☆
S3.9	确保运输安全管理体系	●	★
S3.10	确保公共安全的制度与措施	●	★
(S4) 社区责任			
S4.1	社区沟通和参与机制	●	☆
S4.2	员工本地化政策	●	★
S4.3	本地化雇佣比例	⊕	★
S4.4	采购本地化政策	●	★
S4.5	支持社区妇女、土著居民、农户、牧民和渔民的发展	●	☆
S4.6	公益方针或主要公益领域	●	★
S4.7	建立企业公益基金/基金会	●	★
S4.8	捐赠总额	⊕	★
S4.9	打造品牌公益项目	●	☆
S4.10	支持志愿者活动的政策、措施	●	★
S4.11	员工志愿者活动绩效	⊕	★
S4.12	助力精准扶贫	●	★
S4.13	扶贫专项资金投入	⊕	★
S4.14	脱贫人口数量	⊕	★
S4.15	与非自愿迁移相关的措施及成效	●/⊕	★
第五部分：环境绩效（E 系列）			
(E1) 绿色管理			
E1.1	环境管理体系	●	★
E1.2	环保预警及应急机制	●	★
E1.3	环保技术研发与应用	●	★
E1.4	环境指标统计核算体系方法	●	☆
E1.5	环保培训和宣教	●	★
E1.6	建设绿色供应链	⊕	☆
E1.7	支持绿色低碳产业发展	⊕	★

类别	指标名称	定性指标（●）	核心指标（★）
		定量指标（⊕）	扩展指标（☆）
E1.8	环保总投资	⊕	★
E1.9	应对气候变化	●	★
E1.10	碳汇	●/⊕	☆
（E2）绿色生产			
E2.1	绿色设计	●	★
E2.2	采购和使用环保原材料	●	☆
E2.3	节约能源政策措施	●	★
E2.4	提高能源使用效率	●	★
E2.5	全年能源消耗总量及减少量	⊕	☆
E2.6	单位产值综合耗能	⊕	★
E2.7	使用清洁能源的政策、措施	●	★
E2.8	清洁能源使用量或比重	⊕	☆
E2.9	节约水资源政策、措施	●	★
E2.10	年度新鲜水用水量	⊕	★
E2.11	单位工业增加值新鲜水耗	⊕	☆
E2.12	减少废气排放的政策、措施或技术	●/⊕	★
E2.13	废气排放量及减排量	⊕	★
E2.14	减少废水排放的政策、措施或技术	●	★
E2.15	废水排放量及减排量	●	★
E2.16	减少废弃物排放的制度、措施或技术	●	★
E2.17	废弃物排放量及减排量	⊕	★
E2.18	发展循环经济政策、措施	●	★
E2.19	循环经济发展绩效	⊕	★
E2.20	绿色包装	●	★
E2.21	制成品所用包装材料的总量（以吨计算）及（如适用）每单位占量	⊕	☆
E2.22	绿色运输	●	★
E2.23	产品/人力运输过程中对环境的影响	●	☆
E2.24	减少温室气体排放的计划及行动	●	★
E2.25	温室气体排放量及减排量	⊕	★
E2.31	化学品泄漏发生次数	⊕	★

| 类别 | 指标名称 | 定性指标（●） | 核心指标（★） |
		定量指标（⊕）	扩展指标（☆）
E2.32	化学品泄漏总量	⊕	★
E2.33	化学品泄漏污染治理措施	●	★
E2.34	生产噪声治理的制度、措施及技术	●	★
E2.35	异味治理的制度、措施及技术	●	★
E2.36	地下水污染防控技术	●	☆
E2.37	危险化学品仓储、运输和废弃管理	●	★
E2.38	公开披露使用和排放的有毒有害物质的数量和类型以及对人类和环境的风险	●	☆
E2.41	化工产品回收再利用的制度、措施及绩效	●	☆
E2.42	绿色化工产品认证比例	⊕	☆
（E3）绿色运营			
E3.1	绿色办公措施	●	★
E3.2	绿色办公绩效	●	★
E3.3	生态恢复与治理	●	☆
E3.4	保护生物多样性	●	☆
E3.5	零净砍伐	●	☆
E3.6	环保公益活动	●/⊕	★
第六部分：报告后记（A系列）			
（A1）	未来规划：公司对社会责任工作的规划	●/⊕	★
（A2）	关键绩效：企业年度社会责任关键数据的集中展示	●/⊕	☆
（A3）	企业荣誉：企业年度社会责任重要荣誉的集中展示	●	☆
（A4）	报告评价：社会责任专家或行业专家、利益相关方或专业机构对报告的评价	●	☆
（A5）	参考索引：对本指南要求披露指标的采用情况	●	★
（A6）	意见反馈：读者意见调查表及读者意见反馈渠道	●	★

第五章　报告过程管理

作为社会责任管理体系中的重要专项工作，社会责任报告编制具有特殊和完整的流程。主要包括组织、策划、界定、启动、研究、撰写、发布、总结8项要素，如图5-1所示。重视和加强流程管控，不断优化和做实报告编制过程，能够有效提升社会责任报告的质量。

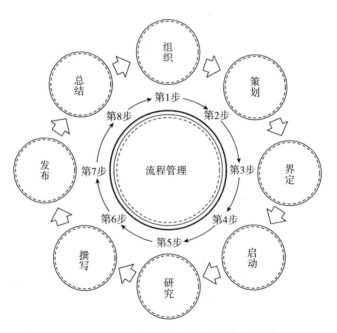

图5-1　企业社会责任报告流程管理模型

第1步，组织：搭建起来源广泛、各司其职、稳定高效的组织体系，支撑社会责任报告编制工作顺利完成。

第2步，策划：对报告要达成的目标进行系统思考和精准定位，对报告编制工作进行统筹谋划和顶层设计，确保目标明确、步骤稳健、资源匹配。

第3步，界定：通过科学的工具和方法，在内外部利益相关方广泛参与的基础上，确定企业重大社会责任议题。

第4步，启动：召开社会责任报告编制启动会，进行前沿社会责任理论与实践培训，并就报告编制的思路、要求等进行沟通安排。

第5步，研究：通过案头分析、调研访谈和对标分析，对社会责任报告指标体系、撰写技巧和企业社会责任基础素材进行研究，为撰写奠定基础。

第6步，撰写：全面和有针对性地向总部职能部门和下属单位收集企业履行社会责任的基础素材，完成报告内容撰写。

第7步，发布：报告编制完成后，通过一种或多种发布形式，一次或多次向社会公开报告，实现与利益相关方沟通。

第8步，总结：在广泛征集内外部利益相关方意见的基础上，以报告编制组为核心，组织报告复盘，对报告编制工作进行总结。并就报告编制过程中利益相关方给予的关注、意见和建议进行梳理和反馈，实现报告编制工作闭环提升。

一、组织

（一）工作组组成原则

社会责任报告编制工作组是报告编制工作的责任主体，参与并主导报告编制的全过程。工作组的组成、运作水平将直接决定报告编制的效率与质量。工作组的组成应秉承以下原则：

1. 高层参与

企业管理层中，至少有一名成员深度参与报告编制工作组，并担任最高负责人。一是能更好地将社会责任报告与企业战略、文化和经营工作相结合，提升报告战略高度；二是能够更加有效地协调资源，克服报告编制过程中的困难和挑战，确保报告编制工作顺利推进。

2. 内外结合

外部专家拥有社会责任包括社会责任报告方面的专业知识，熟悉理论与实践发展的最新趋势，能够有效提升报告编制的规范性、技巧性和创新性；企业内部人员熟悉企业的发展战略、主营业务和管理经营，对报告的全方位把握更为精准，能够确保报告的准确性和契合度。内外结合组成联合工作组，能够发挥"1+1>2"的效果。根据企业社会责任的发展水平、现实需求和资源情况，外部专家参与的形式可分为三个层次，层度由深到浅包括外包、深度顾问和浅层参与。

3. 注重稳定

稳定的团队才能保证工作的连续性。企业高层领导应确保报告编制工作牵头部门的稳定，进而才能有稳定的核心团队。在组成工作组时，报告编制牵头部门也要将"稳定"作为选择内外部组成人员的重要技术原则与沟通要素，尤其是针对内部各部门和下属单位的社会责任联络人。企业应把"编制一本报告、锻炼一支队伍、培育一种文化"作为工作目标。继而既能确保报告质量，又能夯实履责基础。

（二）工作组职责分工

社会责任报告编制工作组成员分为核心团队和协作团队两个层次。其中，核心团队包括企业高管、牵头部门和社会责任专家；协作团队包括总部各部门 CSR 联络员、下属单位 CSR 联络员。由于角色和重要性不同，在报告编制的不同阶段，工作组组成人员的分工和职责各异，如图 5-2 所示。

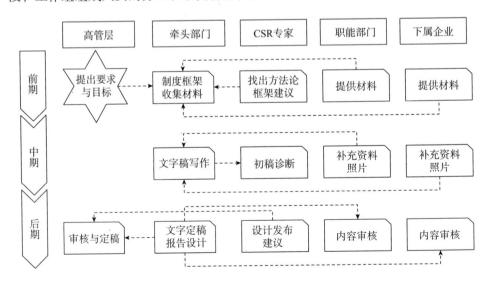

图 5-2　工作组成员与分工

（三）工作组运作机制

要构建一支能力突出、尽职高效的工作团队，并有效发挥工作组的价值，必须不断完善运作机制，确保工作组成员在素材收集、智力支持、沟通协调方面充分发挥主动性和创造性。具体来说，主要包括：

1. 专项会议

在报告编制的重要节点，如启动会、培训会、工作复盘等，召开专项会议（包括视频会），工作组全体成员参加，学习理论知识、研讨工作经验、协调具体事项，确保工作效果。

2. 日常沟通

工作组应广泛采用信息技术和互联网技术，构建形式多样的报告编制工作虚拟空间，实现材料共享、进度共知、事项协调、学习交流的工作要求，提升工作组成员之间的沟通可及性、频率和工作黏性。

3. 激励约束

对于态度积极、工作认真、贡献较大的工作组成员及其所在的部门、单位，报告编制过程中，使用的素材要尽量向其倾斜；报告编制结束后，组织专家评比，对其进行物质或精神奖励，提升工作组成员的积极性和认同感。

二、策划

（一）明确功能定位

工作组成立后，报告编制工作拉开帷幕。对报告进行系统策划成为工作组面临的第一要务。但在策划报告前，企业必须先思考报告编制工作希望达成的目标，并分清主要目标和次要目标，进而对报告进行明确定位。在此基础上，才能有针对地策划报告的内容、风格、流程、工作重点和资源匹配等问题。具体来说，企业对社会责任报告的定位主要包括以下类型：

1. 合规导向（1.0）

以满足政府部门、资本市场、研究机构和社会公众等利益相关方对社会责任信息披露的基本要求为首要目标。此类报告的编制，重在信息披露的完整度与合规性，难在指标的收集和统计计算，而对报告所承载的其他功能要求较少。

2. 品牌导向（2.0）

以报告编制的过程宣传和报告编制完成后的沟通传播为首要目标。理想的路径是：对报告进行多层次、多维度、多视角的使用和传播，让利益相关方看得到、愿意看、看完之后记得住、说得出企业社会责任管理与实践的绩效，不断提升企业的品牌知名度和美誉度，并通过品牌价值的发挥促进企业可持续发展。

3. 管理导向（3.0）

以发挥报告编制对促进责任管理的"牵引"作用为首要目标。理想的路径是：以报告编制为切入点，普及社会责任理念、工具和方法，打造社会责任战略和文化，发现企业经营管理过程中存在的不足，并通过将社会责任融入企业发展战略和日常经营来弥补短板，为企业植入责任 DNA，进而实现可持续发展。

对报告的不同定位，决定了报告编制的不同思路与方法以及最终的成果展现。企业根据社会责任发展趋势和自身社会责任工作开展情况，综合判断，明确企业社会责任报告基本定位，再开展报告策划，会到达事半功倍的效果。

（二）报告短期策划

好的顶层设计是提升报告编制水平的重要保障。短期策划主要针对当年度社会责任报告，包括主题、框架、创新点、时间等要素的策划，如表 5 - 1 所示。

表 5 - 1　报告短期策划要素详解

	意义	策划的要点	思路或案例
主题	主线串联 形散神聚	文化元素导入	借鉴或应用企业已有的愿景、使命、价值观构思报告主题，如华润集团的报告主题为"与您携手、改变生活"
		责任元素导入	借鉴或应用企业已有的社会责任理念或口号构思报告主题，如南方电网的报告主题为"万家灯火、南网情深"
		价值元素导入	紧贴经济、社会和行业发展需求，通过凸显企业价值主张构思报告主题，如中国电子的报告主题为"链接幸福世界"

续表

	意义	策划的要点	思路或案例
框架	提纲挈领彰显特色	经典理论型	按照"三重底线"、"五大发展"、利益相关方等经典社会责任理论，完整借鉴或升级改造后，形成社会责任报告框架
		特色议题型	梳理出由企业特定的行业、定位、属性、发展阶段等要素决定的重大性社会责任议题，直接形成社会责任报告框架
		责任层次型	对企业所承担的社会责任进行重要性辨析，划分层级，形成框架，如中国电子："唯一性责任——第一性责任——之一性责任"；按照社会责任影响的范围与可及性构思报告框架，常见的有"企业—行业—社会—环境"及在此基础上的改进类型
		行动逻辑型	对企业履行社会责任的行动逻辑进行阶段划分，形成框架，常见的有"理念—战略—管理—实践—绩效"及在此基础上的改进类型
		功能划分型	为满足沟通、合规等不同功能要求，用上下或上中下篇来构思报告框架。如民生银行：上篇责任故事，下篇责任实践
		主题延展型	用解读和延展报告主题内容构思报告框架。如光大银行：报告主题为"力·道"，框架为"风险防控力，持续发展之道；经济推动力，金融普惠之道；阳光服务力，客户信任之道……"
		剑走偏锋型	按照充分发挥思维创意的原则，结合企业特有的战略、文化、行业属性、商业生态等要素，构思极具个性化的框架，凸显辨识度。如阿里巴巴：责任之本、本立道生、道生万物
创新点	匠心独具提升质量	报告体例	各章节通过构思相同的内容板块、表达要素或行文风格，凸显报告的系统性和整体感，同时确保章节自身履责逻辑完整、连续、闭环，报告内容丰富、亮点突出。如中国电科，各章都按照"新布局、新实践、新成效"来展开论述
		报告内容	紧跟社会责任发展的宏观形势，立足国家改革发展的新政策、新要求、新方向，结合企业转型升级的重大战略、创新推出的拳头产品服务以及年度重大事件策划报告内容，确保战略性与引领性。同时，适时适当延伸，增强内容的知识性、趣味性
		表达方式	应用多种表达方式，让报告更简洁、更感人、更悦读。常见的有将文字变为"一张图读懂……"；将常规案例变综合案例，把故事说深、说透、说动人；使用有冲击力、生动具象的图片等

	意义	策划的要点	思路或案例
时间	详细计划统筹推进	时间分配	组织与策划、界定与启动、撰写与发布、总结与反馈 4 个环节,时间一般按照 15%、15%、60%、10% 进行时间分配
		推进方式	报告周期大于 6 个月,按月制定推进计划;报告周期 4~6 个月,按周制定推进计划;报告周期小于 3 个月,按日制定推进计划
		效率提升	时间规划要预留出节假日、资料搜集、部门会签、领导审核等不可控因素,通过工作梳理实现相关流程和事项并行

(三) 报告长期策划

长期规划体现了企业对报告编制工作的战略思考,是在更长的周期里,明确报告编制的目标、路径和支撑体系。具体包括报告体系、设计风格、管理制度等,如表 5-2 所示。

表 5-2 报告短期策划要素详解

	意义	策划的要点	思路或案例
报告体系	系统披露立体沟通	内容	从内容看,社会责任报告包括常规报告、专题报告、国别报告等。如中国华电:先后编制城市供热报告、分布式能源报告、应对气候变化报告等,组成了内容丰富的社会责任报告体系
		形态	从形态看,社会责任报告包括全版报告、简版报告、PDF 报告、H5 报告、网页报告、视频报告等。纸质版报告、PDF 版报告是主要形态,H5 报告和视频报告渐成趋势
		周期	从周期看,社会责任报告包括年度报告、季度报告、专项报告、日常报告等,企业应根据沟通频率需求,确定报告周期组合
设计风格	传承特色打造品牌	横向延续	一定周期内 (3~5 年),保持社会责任报告视觉风格和创意要素的一致性、渐进性,形成有辨识度的设计。如中国交建,"十三五"时期报告在统一视觉风格和设计元素下延展
		纵向一致	若下属单位编制社会责任报告,可根据需要统筹集团报告和下属单位报告设计风格。让全集团社会责任报告以统一形象展示
管理制度	建章立制夯实基础	建立制度	报告编制或编制实践过程中,完善编制体制机制,以正式制度形式,对报告编制进行内容释义、流程固化和执行分工。如中国海油,2017 年初发布《可持续发展报告编制管理细则》

三、界定

（一）构建议题清单

议题清单的导入质量决定了企业是否能够以及在多大程度上识别出自身的重大性社会责任议题。因此，构建一个全面、科学、与时俱进的议题清单至关重要。议题清单的识别来源于企业对社会责任背景信息的分析，在构建议题清单的过程中，需要分析的信息类别和信息来源如表 5 - 3、5 - 4 所示。

表 5 - 3 议题清单的组成要求

	释 义	控制点
全面	覆盖企业内外部利益相关方诉求和有影响力的社会责任政策、标准、倡议所要求的责任要素	广泛度
科学	以企业的行业、属性、发展阶段为基本立足点，纳入与企业自身社会责任活动相关的议题	精确度
与时俱进	紧跟国内外社会责任发展趋势以及经济社会发展的最新战略方向和现实需求	准确度

表 5 - 4 议题识别的环境扫描

信息类别	信息来源
宏观形势	● 重大国际共识，如推动和落实联合国 2030 可持续发展目标（SDGs），积极应对全球气候变化等 ● 国家整体规划，如国民经济和社会发展第十三个五年规划 ● 国家重大政策，如"四个全面"战略布局 ● 相关部委推动的全局性重点工作，如扶贫办主导的精准扶贫、工信部主导的绿色制造、国资委主导的国企改革等 ● 媒体关注和报道的国家改革发展过程中存在的突出矛盾和迫切需求，如资源环境约束、各类腐败问题等

信息类别	信息来源
政策标准	● 社会责任国际主流标准，如 ISO26000、GRI Standards 等 ● 社会责任国内主流标准，如中国社科院《中国企业社会责任报告编写指南》、国家标准委《社会责任国家标准 GB/T36000》等 ● 政府部门的社会责任政策要求，如国务院国资委《关于国有企业更好履行社会责任的指导意见》、中国保监会《关于保险业履行社会责任的指导意见》等 ● 资本市场的社会责任政策要求，如香港联交所《社会、环境与管治报告指引》、沪深两市《关于进一步完善上市公司扶贫工作信息披露的通知》等 ● 行业协会的社会责任倡议标准，如中国集团公司财务公司协会《社会责任公约》
利益相关方关注点	● 各职能日常工作中与利益相关方的沟通交流，如人力资源部与员工的沟通，采购部与供应商的沟通，GR 部门与政府的沟通等 ● 专门的利益相关方沟通交流活动，如中国石化每年举办多期企业公众开放日 ● 专门的利益相关方沟通交流会议，如专题性或综合性的圆桌会议 ● 利益相关方调查，如企业社会责任报告开设的意见反馈专栏 ● 与社会责任研究推进机构沟通交流，如与研究机构、行业协会等沟通，更加宏观和系统地了解利益相关方对企业的诉求
企业经营管理实践	● 企业使命、愿景、价值观 ● 企业中长期发展战略 ● 企业社会责任专项发展战略 ● 企业经营管理制度 ● 企业通讯、报纸、刊物

（二）界定实质性议题

构建了社会责任议题清单后，企业可以通过"对企业可持续发展的重要性"和"对利益相关方的重要性"两个维度，对议题进行排序，界定出实质性议题，如图 5－3 所示。

如何判定议题对企业可持续发展的重要性以及对利益相关方的重要性，需要采取多种理论、工具和方法。要判断议题对利益相关方是否重要，需要股东、客户、合作伙伴、政府、员工、社区代表等利益相关方的参与。可采取有针对性的利益相关方访谈，也可大范围发放议题调查问卷，还可综合采取以上两种方式。

要判断议题对企业可持续发展是否重要，可参考表5－5的原则标准。

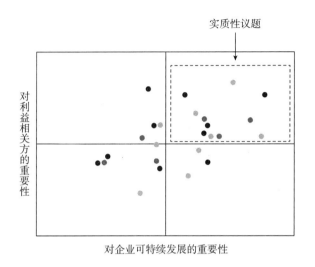

图5－3 实质性议题筛选模型

表5－5 议题对企业可持续发展的重要性判别标准

类别	内容	等级
服从区	底线要求，企业必须要做的事，否则会影响企业生存	五星级
选择区	对企业品牌有价值，但对企业核心业务的促进作用不明显	一星级至四星级
结构区	对社会有价值，但对企业价值不明显	一星级至四星级
战略区	极富社会公共价值，又能发挥企业专业优势，强化自我，形成壁垒	五星级

在初步筛选出一定规模的实质性议题后，应征询内外部专家意见，并依照专家意见进行微调后，报送企业可持续发展领导机构审核批准。

在实质性议题得到企业可持续发展领导机构审批后，企业应对重大性议题进行应用和管理。在企业社会责任报告中重点披露重大性议题的界定过程和企业在重大性社会责任议题方面的管理、实践和绩效，并对议题进行定期更新升级。

案例：中国 LG 化学实质性议题分析

为了提升报告的针对性与回应性，2017 年，中国 LG 化学根据可持续发展议题实质性分析模型，分析比较不同社会责任议题对利益相关方的影响和对公司自身发展的重要性，识别筛选出最具实质性的年度关键议题。

形成议题库

通过梳理国家宏观政策导向、国内外社会责任标准研究分析、行业对标、公司发展战略规划和公司实践，并结合各利益相关方关注点，共确定 22 项中国 LG 化学相关的社会责任议题。

议题评估分析

针对 22 项社会责任议题开展利益相关方专项调查，通过问卷调查等方式，邀请不同类别利益相关方反馈议题对其重要程度，确定议题对利益相关方的重要性排序。

议题筛选

在公司内部评估 22 项议题对中国 LG 化学的重要程度，结合利益相关方选择情况形成议题实质性矩阵，确定报告重点披露议题内容。

1.公司治理	12.员工本地化
2.正道经营	13.职业健康与安全
3.合规经营	14.职业发展
4.风险管理	15.青少年关爱
5.产品质量与服务	16.社区贡献
6.科技创新	17.节能减排与应对气候变化
7.Solution Pattern 解决方案	18.绿色产品研发
8.客户隐私与信息安全	19.危险化学品管理
9.供应链管理	20.水资源管理
10.安全生产	21.循环经济
11.劳工权益与保护	22.环保公益

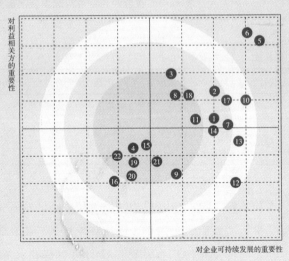

审核确认

经公司管理层与专家审核，确认实质性议题，制定与实施行动计划并重点披露。

议题沟通

中国 LG 化学以实质性议题为基础推进社会责任工作，并以公司官方网站、官方微信和定期报告等多种方式与利益相关方就议题实践展开沟通，提升企业运营透明度。

四、启动

（一）召开启动会

启动会是社会责任报告编制的重要环节和仪式，需要企业高层领导出席，报告编制工作组全体成员参加。启动会主要完成两项工作，即能力培训和工作部署。

1. 能力培训

在启动会上对全体人员进行培训。对于初次编写报告的企业，或是社会责任工作联络人以新接手员工为主的企业，重点培训什么是社会责任和社会责任报告，为什么要履行社会责任和发布社会责任报告，如何履行社会责任和编制社会责任报告等。对于连续多年编写报告的企业，或是社会责任工作联络人以有经验员工为主的企业，重点培训社会责任发展的宏观形势，企业社会责任理论与实践最新进展，热点社会环境议题发展现状等。普及并不断深化其对社会责任的认识。

2. 工作部署

在启动会上，企业要做详细工作部署。主要包括：

第一，高层领导就企业履行社会责任和社会责任报告编制相关工作的重要性阐明立场，并明确工作的质量目标，统一思想。

第二，牵头部门就社会责任报告编制思路和框架进行解读。

第三，牵头部门就社会责任报告编制所需的各类素材要求进行说明和分工。

第四，牵头部门就社会责任报告编制的时间进度进行说明，并明确关键时间节点。

（二）签发启动通知

随着社会责任报告编制工作的推进，一些领先的企业已经形成了稳定的团队、成熟的制度流程和高效的信息报送方法，通过现场会部署工作的必要性不再突出。与此同时，企业通过例行的内外部社会责任培训，建立了能力建设的有效机制。通过现场会进行能力培训的必要性也不再突出。因此，一些企业开始通过"签发启动通知"的方式来启动年度社会责任报告编制工作。通知要素包括总体要求、组织及前期准备工作、编写内容要求、发布与传播要求、设计和咨询辅导等。

案例：华润集团关于编写《华润（集团）有限公司2015年社会责任报告》的通知

华润集团在撰写《华润（集团）有限公司2015年社会责任报告》前向集团各部室、战略业务单元、一级利润中心下发函文，对报告总体要求、前期准备、内容、传播、设计方面进行通知，启动当年度社会责任报告编制工作。

关于组织编写2015年版
社会责任报告有关事项的函

集团各部室、战略业务单元、一级利润中心：

编制社会责任报告，是普及社会责任知识，提高认识，推进社会责任管理和践行的重要抓手。为进一步通过报告编制工作，全面提升社会责任能力，集团决定在总结上年编制经验的基础上，继续开展2015年华润社会责任报告的编制工作。现将有关要求说明如下（工作排期见附件一）。

一、总体要求

2015年华润集团社会责任报告由集团、战略业务单元、一级利润中心共同编制，分主报告、独立报告和简版报告三种形式。

主报告由集团负责编制，独立报告、简版报告由集团直属企业负责编制，编制单位自行发布出版。

独立报告编制单位包括：集团在香港上市公司、华润医药所属上市公司，以及华润万家、华润啤酒、华润怡宝三家行业领先企业。需根据社会责任报告规范体例和要求进行编制，发布时间与上市公司年报发布时间同步。

……

五、研究

（一）研究内容

社会责任报告是规范、专业、展现企业价值的沟通工具，在报告撰写前，企业必须围绕"规范性""专业性"和"价值性"进行基础研究，占有大量报告撰写所必需的素材和方法，能够提升报告编写的质量和效率。研究的内容包括：

1. 指标体系

社会责任报告必须符合相关标准的规范性要求。企业可从权威性、针对性和操作性三个维度综合选择确定自身参考的报告编写标准。然后对报告参考标准中的具体指标进行研究，并围绕指标准备素材。具备条件的企业，可以研发企业自身的社会责任报告指标体系，将指标固化、内化。指标研发遵循以下原则：

> ➢ 综合参用国内外权威标准的指标内容
> ➢ 与企业已有的经营管理指标尽量结合
> ➢ 围绕主要业务板块策划企业特色指标
> ➢ 区分定性指标和定量指标，短期指标和长期指标
> ➢ 数量适中，每个指标都能有对应部门落地实施

2. 工作亮点

工作亮点即企业在报告期内社会责任管理和实践领域的创新做法、突出成绩及典型案例，是企业经济、社会和环境价值的集中承载，是报告中需要着重突出的内容，梳理、总结和挖掘年度工作亮点意义重大。它涵盖责任管理、本质责任、市场责任、社会责任和环境责任等方方面面。梳理工作亮点秉承以下原则：

> ➤ 全人类共同关注和致力于解决的
>
> ➤ 符合国家战略且取得成绩的
>
> ➤ 有重大创新，引领行业甚至世界的
>
> ➤ 有重大突破，显著弥补过往短板的
>
> ➤ 形成了特色、体系和模式的
>
> ➤ 具有高度社会、环境价值的

3. 报告技巧

研究和采用丰富的报告编制技巧，能够显著提升社会责任报告出彩的概率。企业在编制报告过程中需要重点把握的编制技巧包括：

> ➤ 如何体现报告的前瞻性与引领性
>
> ➤ 如何（建模）体现报告的理论性与系统性
>
> ➤ 如何确定报告主题，并使主题成为主线
>
> ➤ 如何搭建报告体例，并使体例成为暗线
>
> ➤ 如何处理"简明扼要"与"生动表达"之间的关系
>
> ➤ 如何处理"共性"与"个性"的关系
>
> ➤ 如何处理"传承"与"创新"的关系
>
> ➤ 如果处理"国际化"与"本土化"的关系
>
> ➤ 如何提升报告的交互性
>
> ➤ 如何与众不同

（二）研究方法

为全面深入了解指标、亮点工作和报告技巧，企业可综合采用文献分析、调研访谈和对标研究方法。其中，文献分析主要对应指标和亮点工作研究；调研访谈主要对应亮点工作研究；对标研究主要对应报告技巧研究。

1. 文献分析

研究报告指标时，参考文献主要包括社会责任国际主流标准、社会责任国内

主流标准、政府部门和资本市场的社会责任政策要求、行业协会的社会责任倡议标准、其他研究机构的标准、企业自身经营管理指标等。研究工作亮点时，参考文献主要包括：

> ➢ 董事长、总经理年度重大会议讲话（如半年工作会、年度工作会）
>
> ➢ 职能部室年度工作总结
>
> ➢ 下属单位年度工作总结
>
> ➢ 专题简报（如安全生产、节能减排、精准扶贫等）
>
> ➢ 报纸、刊物
>
> ➢ 企业志及其他内部出版物
>
> ➢ 重要影像资料（如企业宣传片）
>
> ➢ 其他

2. 调研访谈

从报告编制的角度看，调研访谈的主要目的是挖掘企业年度社会责任工作亮点。除此之外，也可利用调研访谈的机会，向被调研、被访谈单位和对象进行社会责任理念宣贯和社会责任工作意见征求等。调研访谈的对象包括企业高层领导、职能部室、下属单位和利益相关方。调研访谈纲要如表5-6所示。

表5-6　企业社会责任报告编制调研访谈纲要

对　象	纲　要
高层领导	● 社会责任面临的机遇和挑战 ● 社会责任理念、愿景 ● 社会责任战略和目标 ● 社会责任重点工作 ● 社会责任报告的定位和要求
职能部室和下属单位	● 年度主要工作进展 ● 相关责任议题实践情况 ● 社会责任典型案例 ● 对社会责任工作的意见建议 ● 对社会责任报告的意见建议

对　象	纲　要
利益相关方	● 相关方基本情况介绍 ● 与之相关的企业责任实践具体情况 ● 对企业社会责任工作的评价 ● 对企业社会责任工作的期待 ● 对企业社会责任报告的意见和建议

3. 对标研究

对标是社会科学中经常采用的研究方法。对标研究的关键在于，确定与谁对标及对标什么？即选取对标对象和对标维度。社会责任报告对标的维度主要参考报告技巧的研究内容，如报告主题选取、框架搭建、体例设计、表达方式等。除此之外，企业在对标报告写作技巧的过程中，也可就相关企业的社会责任管理情况进行对标，为提升企业社会责任管理水平奠定基础。选取对标对象原则如下：

➢ 社会责任工作领先企业，如中国社会责任发展指数领先企业、入选 DJSI 企业等

➢ 社会责任报告获奖企业，如社科院五星级报告、CRRA 获奖报告企业等

➢ 行业中影响力大的企业，如行业中规模前五企业

➢ 国内与国外企业兼顾，适度侧重国外企业

➢ 行业内与行业外企业兼顾，适度侧重行业内企业

➢ 对标对象在精不在多，深度对标的企业数量控制在 10 家左右为宜

六、撰写

（一）确定撰写方式

根据社会责任发展的不同阶段和实际情况，企业可以采取两种报告撰写方式，即核心团队撰写（牵头部门＋外部专家）和部门分工撰写，具体如表5－7所示。

表5－7 报告撰写方式

类别	释义	适合企业	关键要素	优点
核心团队撰写	以社会责任牵头部门和外部专家组成的核心团队为主，撰写社会责任报告。职能部室和下属单位负责提供素材和审核内容	起步期企业	深度挖掘素材精准语言表述	降低风险提高效率
部门分工撰写	以职能部室为主，按职能条线分工撰写社会责任报告。核心团队规定编制要求、制定版位表、开展培训和汇总统稿。下属单位向集团各职能部室分别提供相关素材支撑并审核内容	成熟期企业	稳定的人员精确的版位表高质量的培训强有力的管控	完善机制形成合力培育文化

（二）明确撰写流程

社会责任报告从初稿撰写到文字定稿，是多次修改完善、数易其稿的结果。从过程上看，包括：素材搜集—报告分工—初稿撰写—初稿研讨—素材补充—修改完善—报告统稿—部门会审—修改完善—领导审核—修改完善—文字定稿。

（三）搜集撰写素材

充足、有针对性的素材是报告质量的保证。企业在收集报告编写素材时可采用但不限于下发资料收集清单和开展研究（详见第五部分）。资料清单的要点如下：

> ➤ 针对不同部门和单位制作针对性清单
> ➤ 内容包括定量数据、定性描述（制度、举措）、优秀案例、利益相关方评价、照片和影像等
> ➤ 填报要求要清楚、翔实，如数据要规定年限，定性描述要规定描述的维度和字数
> ➤ 优秀案例要规定案例的撰写要素和字数，图片要规定大小等
> ➤ 有明确的填报时间要求
> ➤ 明确答疑人员及其联系方式

资料清单模板：××公司社会责任报告数据、资料需求清单

填报单位：

人力资源部填报人：

审核人：

一、填报说明

二、数据指标

编号	指标	2014 年	2015 年	2016 年	备注
1	员工总数（人）				
2	劳动合同签订率（%）				
…	…				

三、文字材料

1. 公平雇佣的理念、制度及措施

2. 员工培训管理体系

3.……

四、图片及视频资料

1. 员工培训的图片

2. 文体活动图片

3.……

五、贵部门认为能够体现我公司社会责任工作的其他材料、数据及图片

……

六、案例样章

……

七、发布

（一）选择发布时间

为确保社会责任报告的时效性，原则上一般在每年的 6 月 30 日前发布上一

年度社会责任报告，但没有强制要求。另外，资本市场对上市公司社会责任报告发布时间有一定要求，如上海证券交易所要求上市公司与年报同步发布社会责任报告，香港联合交易所要求上市公司在年报发布3个月内发布社会责任报告。除此之外，企业可根据自身需要，灵活选择社会责任报告发布时间。发布时间结合公司重大纪念日或全球、国家的主题节日能够产生较为广泛的社会影响。

（二）确定发布方式

当前，社会责任报告最主要的发布方式有两种，第一是挂网发布，第二是召开发布会。同时，企业还可根据需要进行重点发布，如表5-8所示。

表5-8　社会责任报告发布方式

类别	释义	优点	缺点
挂网发布	将定稿的电子版报告上传企业官网或以官微推送，供利益相关方下载阅读。这是报告最常见的发布形式	成本低 难度小	影响小
召开发布会	可分为专项发布会和嵌入式发布会。专项发布会即专门为发布报告筹备会议，邀请嘉宾和媒体参与；嵌入式发布会即将报告发布作为其他活动的一个环节，如企业半年工作会、企业开放日等	影响大	成本较高 工作量较大
重点发布	对于重要的利益相关方（高度关注企业或企业高度关注），将社会责任报告印刷版直接递送或将社会责任报告电子版或网站链接通过邮件推送	影响精准	需跟其他方式 组合发布

（三）策划发布会

企业必须对发布会进行精心策划，才能达到理想的效果。通常包括嘉宾策划、材料策划、宣传策划、设计策划、会务策划等，如表5-9所示。

表5-9　发布会考虑要素

类　别	释　义
嘉宾	企业内外 VIP 嘉宾邀请，参会嘉宾邀请等
材料	议程、邀请函、领导讲话稿、主题词、流程 PPT、现场展示材料等
宣传	媒体邀请、预热稿、新闻通稿、后期系列宣传稿等
设计	主视觉、现场展板、KT 版、易拉宝等
会务	场地、礼仪、物料、餐饮、小礼品等

案例：国家开发投资公司 2016 企业社会责任报告发布会

2017 年 6 月 22 日，国家开发投资公司在京正式发布 2016 企业社会责任报告，并推出国投首部社会责任专题片，举办首个央企社会责任专题展。发布会上，王会生董事长发表讲话，国务院国资委综合局副局长曹学云到会并讲话，中国社会科学院工业经济研究所所长、中国企业社会责任报告评级专家委员会副主席黄群慧代表第三方发言。冯士栋总裁代表公司正式发布"报告"，阳晓辉副总裁主持报告发布会。

中国石化、中国电子、中国华能、中国电建等企业代表出席会议。新华社、光明日报、经济日报、中央人民广播电台、国资报告、企业观察报、人民网、新华网等 21 家媒体记者应邀出席发布会。国投公司领导，总师、总助，各部门（中心）、子公司及在京成员企业主要负责人参加发布会。

八、总　结

（一）准备复盘材料

对报告编制的全过程进行回顾，对报告预设目标的达成情况进行评估，对内容和形式上的创新与不足进行总结。这既是报告编制流程管理的必要环节，也是循环提升报告编制质量的有效方式。复盘材料应包括但不限于以下内容：

> ➤ 报告编制全流程工作回顾
>
> ➤ 报告的主要创新点
>
> ➤ 报告取得的成绩
>
> ➤ 报告编制存在的不足（包括流程控制、沟通协调、内容形式、沟通传播等）
>
> ➤ 下一年报告编制工作的初步设想
>
> ➤ 下一年社会责任整体工作的初步设想

（二）召开复盘会议

复盘材料准备完毕后，择机召开报告复盘会。在组织复盘会时应注意考虑以下因素：

> ➤ 复盘会时间：原则上报告发布 1 个月内
>
> ➤ 复盘会参与人员：核心团队（牵头部门＋外部专家）必须参加；高层领导原则参加
>
> ➤ 工作组其他人员（职能部室、下属单位、利益相关方）建议参加
>
> ➤ 复盘会形式：工作负责人主题发言＋参会人员充分讨论
>
> ➤ 复盘会结果：形成会议总结和工作决议

（三）反馈复盘结果

在报告编制复盘会后，企业应向外部利益相关方、内部相关职能部室和下属单位进行反馈。反馈的主要形式包括但不限于会议、邮件、通信等。反馈的内容主要是本次报告对内外部利益相关方期望的回应、报告编制工作的得失、未来社会责任报告编制及社会责任整体工作的行动计划。

第六章　报告价值管理

近年来，关于社会责任报告的价值，学术界与企业界进行了诸多探讨和梳理。较易被人们所接受的观点是：社会责任报告可以起到"内质外形"，即"内强管理""外塑形象"的作用。中国社科院企业社会责任研究中心也曾归纳企业社会责任报告的六大工具性价值，即：传播企业品牌形象的工具、塑造与传播企业文化的工具、实施目标管理的工具、管理企业风险的工具、传递外部知识的工具、与利益相关方沟通的工具。由此可见，对于社会责任报告的价值问题，社会关注由来已久，且已达成基本共识。

遗憾的是，社会责任报告的价值在长期以来只是一个逻辑自洽的理论推导。虽然在概念上为人们所接受，但报告究竟是如何发挥价值的，该如何更好地发挥报告的价值却一直鲜有深入研究。因此，企业在实践的过程中，没有系统指引，只能艰难探索，取得的成效也千差万别：发挥了报告价值的企业，以报告为牵引，实现了管理和品牌的双提升，社会责任工作的系统性、创新性不断增强，已进入了"内生驱动""协调发展"的新阶段；没有发挥社会责任报告价值的企业，报告失去了生命力，或勉强维持，或干脆终止，社会责任工作也陷入了没有抓手、没有成效和亮点的境地。

社会责任报告的价值就是其"有用性"，它是企业编制社会责任报告的出发点和落脚点，是社会责任报告的"生命力"所在。支持编制社会责任报告的企业，驱动力各不相同；不支持编制社会责任报告的企业，原因只有一个——认为报告没有价值或是价值不明显。"报告天然有价值，但并不自然发挥价值"。梳理报告的价值，并通过开展系统的价值管理，进而最大程度地发挥报告的价值，是《指南4.0》的重要内容和突破。

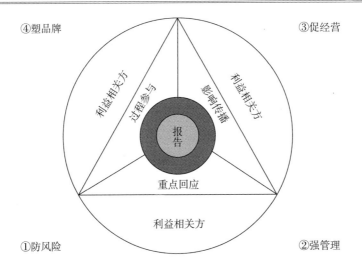

图 6 - 1　企业社会责任报告价值管理模型

一、价值生态

（一）价值类型

综合当前社会各界对社会责任报告的价值研究及社会责任发展的最新趋势和特点，社会责任报告的价值归纳起来可以分成四类，即"防风险"价值、"强管理"价值、"促经营"价值和"塑品牌"价值。

● "防风险"指通过编制和发布社会责任报告，满足政府、行业协会、资本市场、研究机构、社会组织、新闻媒体等利益相关方对于企业信息披露的强制、半强制或倡导性要求，避免"合规风险"和"声誉风险"。

● "强管理"指通过编制和发布社会责任报告，在全流程工作推进过程中提升责任管理水平（"以编促管"）；同时，在宣贯理念、发现短板、解决问题过程中强化基础管理水平，进而促进企业持续、健康发展。

● "促经营"指通过编制和发布社会责任报告，一方面为资本市场的研究、评级机构提供充分信息，获得资本市场好评，提升投融资能力和效率；同时，通过对重点项目、重点产品社会环境影响的梳理，提升其影响力。

● "塑品牌"指通过编制和发布社会责任报告，传递企业社会责任理念、愿景、价值观以及履责行为和绩效，展现企业负责任形象，提升品牌美誉度。

（二）价值机制

社会责任报告回应了谁、影响了谁、改变了谁，是讨论社会责任报告价值的基础。社会责任报告的价值可以通过重点回应、过程参与和影响传播三个方式实现。

● 重点回应。社会责任报告有两个鲜明属性。第一，是企业社会责任管理的重要抓手，它被理解为企业关注和开展社会责任工作的象征性"动作"；第二，是企业披露社会环境信息，与利益相关方沟通的重要工具和载体。随着社会责任运动的持续推动，政府部门、资本市场、行业协会等强势利益相关方推动企业履行社会责任、披露社会环境信息，发布社会责任报告，可以有效回应这些要求。

● 过程参与。参与是社会责任的题中之义。如社会责任报告流程管理章节所述，在编制社会责任报告的过程中，有8个重要环节。让各种类型的利益相关方在适当的环节参与社会责任报告编制过程，能够实现以报告"为表"，以社会责任管理与实践"为里"的沟通交流，让利益相关方更加了解企业、理解企业和支持企业。

● 影响传播。从技术上讲，企业需要重点回应的利益相关方和能够参与到社会责任报告编制流程的利益相关方只占少数。面对广大的社会公众群体，只有畅通报告的到达渠道，提升报告的可及性、趣味性和交互性，才能让更多的利益相关方知晓企业的经营管理情况和社会责任履行情况，最大程度地做到"润物细无声"。

（三）价值媒介

社会责任报告是内容和过程的载体。社会责任报告要发挥其价值，必须以利益相关方为媒介。在社会责任领域，利益相关方指受企业经营影响或可以影响企业经营的组织或个人。企业的利益相关方通常包括投资者、顾客、合作伙伴、政府、员工、社区、NGO、媒体等。广义上讲，这些也是社会责任报告的主要利益相关方。

由于利益相关方较多，企业无论通过哪种方式发挥社会责任报告价值，都应该首先按照主动沟通意向和被动沟通频率进行关键利益相关方识别：

对企业具有"高意向高频率""中意向高频率""高意向中频率"和"中意向中频率"的利益相关方，企业在重点回应、过程参与和影响传播时给予重点关注。

对企业具有"高意向低频率"和"低意向高频率"的利益相关方，企业在重点回应、过程参与和影响传播时给予争取关注。

对其他利益相关方，企业重点做好后端的影响传播工作，如图6-2所示。

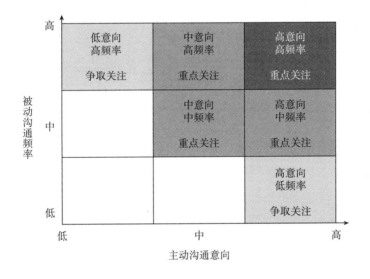

图6-2 利益相关方筛选原则

从社会责任报告的实际出发，报告的利益相关方还可划分为内部利益相关方和外部利益相关方。根据其与社会责任报告联系的紧密程度（重要性），内部利益相关方依次包括主要领导、职能部门及下属企业社会责任联络人、普通员工；外部利益相关方依次包括社会责任监管部门、社会责任专业机构及专家学者和社会公众。

二、重点回应

重点回应，是指针对社会责任工作的政策制定者、理论研究者、舆论引导者等强势利益相关方，将编制社会责任报告的意愿、过程或结果与之进行专门交流，回应其要求。

（一）回应政府部门

政府部门的大力推动是中国企业社会责任快速发展的重要原因，也是现阶段中国企业社会责任发展的重要特征。当前，国务院国资委、工业和信息化部、环境保护部、国家工商总局、国务院扶贫办、中国银保监会等政府部门都出台了有关企业社会责任的政策规定和相关指引，在广义社会责任或其专门领域对企业提出明确要求。

报告对政府部门的重点回应可从以下方面开展：

● 以积极的态度推进社会责任报告编制和发布工作，彰显责任担当；

● 参照相关部门出台的社会责任政策、指引和规定；

● 就相关部门主管的、全社会广泛关注的、企业积极践行的重要社会责任议题（如精准扶贫、生态文明、一带一路等）进行重点阐述或发布专项报告。

（二）回应资本市场

2006 年，深圳证券交易所发布《深圳证券交易所上市公司社会责任指引》。2008 年，上海证券交易所发布《关于加强上市公司社会责任承担工作暨发布〈上海证券交易所上市公司环境信息披露指引〉的通知》对 A 股上市公司履行社会责任和披露社会环境信息提出要求。2015 年，香港证券交易所发布《环境、社会及管治报告指引》，将社会责任信息披露要求提升为"不披露就解释"。2016 年 12 月，上交所发布《关于进一步完善上市公司扶贫工作信息披露的通知》，进一步发挥上市公司在服务国家脱贫攻坚战略中的作用，完善上市公司扶贫相关信息披露。经过多年酝酿发展，近年来，社会责任投资（SRI）在我国取得重大突破。中国证监会、中国上市公司协会、中国证券投资基金业协会等机构研究论证了 ESG 投资与企业长期收益之间的正相关关系，并开始针对性研究制定机构投资者 ESG 投资指引和上市公司社会责任信息披露要求。2017 年 6 月，A 股闯关 MSCI 指数成功，我国上市公司社会责任信息披露的重要性进一步提升。而在海外上市的中国企业，已经并将继续面临更加严格的社会责任及信息披露要求。

报告对资本市场的重点回应可从以下方面开展：

● 按照资本市场主管部门要求，主动发布社会责任报告；
● 根据证券交易所的要求，按时编制发布社会责任报告；
● 按照资本市场相关标准和指引，规范披露社会、环境信息；
● 接受资本市场相关主体对社会责任报告披露信息的质询。

（三）回应行业协会

行业协会对企业社会责任的推动，是当前我国企业社会责任发展的另一个重要的动力和特征。中国工业经济联合会、中国银行业协会、中国汽车工业协会、中国纺织工业联合会、中国煤炭工业协会、中国建材联合会、中国通信企业协会、中国旅游饭店业协会、中国林产工业协会、中国期货业协会等诸多行业协会在推动相关企业履行社会责任的过程中扮演了重要的角色，并取得重要成绩。

报告对行业协会的重点回应可从以下方面开展：

● 支持和参与行业协会社会责任报告编制；
● 按照行业协会社会责任标准和指引编制社会责任报告；
● 参与行业协会社会责任报告相关的评级评价；
● 参与行业社会责任报告相关的会议和论坛；
● 参与行业协会社会责任报告集中发布。

（四）回应科研机构

近年来，全球范围内的社会责任运动也得到了学术界的广泛关注。当前，科研院所广泛设置社会责任研究机构、开设社会责任相关课程、发布社会责任研究成果，成为支撑我国企业社会责任发展的理论高地。比如，中国社科院企业社会责任研究中心自 2008 年成立以来，在社科院开设了 MBA 社会责任必修课，组织

开展了"分享责任——公益讲堂"和"分享责任——首席责任官"培训；连续
10 年发布《企业社会责任蓝皮书》，成为国内外利益相关方了解中国企业社会责任发展现状的一扇窗口。

报告对科研机构的重点回应可从以下方面开展：

● 按照科研机构的标准和指引编制社会责任报告；
● 按照外部机构的意见和建议编制社会责任报告；
● 参与科研机构社会责任报告评级评价；
● 参与科研机构组织的社会责任报告相关会议和论坛；
● 在科研机构的教育教学和培训活动中分享社会责任报告；
● 与科研机构合作开展社会责任报告标准、指南的研发。

（五）回应新闻媒体

在互联网技术高速发展的今天，新闻媒体的推动和监督是企业社会责任发展的重要力量。如新华网、人民网、中国新闻社、南方周末、公益时报等主流媒体，每年会发布社会责任研究成果，召开社会责任峰会并评选社会责任先进个人、企业和项目等，数量多、规模大、影响广，是企业社会责任领域的重要参与者。

报告对新闻媒体的重点回应可从以下方面开展：

● 邀请媒体参加社会责任报告发布会；
● 参与新闻媒体组织的社会责任报告相关会议和论坛；
● 与媒体联合主办社会责任报告交流活动。

三、过程参与

过程参与，是指在社会责任报告编制的全生命周期，通过多种方式，让利益相关方参与到报告编制的过程中，实现以报告"为表"，以社会责任工作"为里"的沟通交流。

● 了解利益相关方期望，在社会责任报告中针对性回应；

● 发挥利益相关方优势（智力、技术等），解决报告编写过程中的困难和挑战；

● 传播企业社会责任理念、战略、文化，改变和提升利益相关方对企业的认识；

● 沟通企业社会责任工作的困难和不足，征得利益相关方的谅解和支持；

● 通过在报告编写过程中建立双方信任基础，影响利益相关方的观点和决策。

（一）内部参与

与社会责任报告相关的内部利益相关方包括高层领导、职能部门和下属单位的社会责任联络员以及普通员工。

1. 高层领导参与

企业社会责任被称为"一把手工程"，在编制社会责任报告的过程中，高层领导的参与十分重要。第一，高层领导的参与可以被理解为企业对社会责任报告编制的重视，便于社会责任部门在报告编制过程中更好地去整合各种资源，提升工作效率；第二，高层领导参与报告编制过程，通过与各利益相关方的交流，能够提升其对社会责任工作及社会责任报告编制重要性的认识程度，便于企业在经营管理的过程中给予社会责任更多的重视，从而实现社会责任的战略价值；第三，高层领导参与社会责任报告编制过程，能够发现企业在经营管理方面的缺失和不足，促使企业有针对性加强在各个责任领域的管理，提升企业管理水平，从而达到"以报告促管理"的目的。

高层领导参与报告编制的途径主要包括：

● 参加报告启动会及培训会；

● 接受报告编写小组的访谈；

● 填写利益相关方调查问卷；

● 为报告撰写卷首语或致辞；

● 审核报告并定稿；

● 参与报告发布。

2. 社会责任联络人参与

社会责任报告撰写，离不开各部门、下属单位的配合与支持。分散在各部门、下属单位的社会责任联络人，可以提供报告编写所需的各类素材，确保报告内容的准确性，同时，他们参与到社会责任报告的编制工作中，也能够提升其社会责任认识和水平，成为企业内部的责任火种，为责任管理与实践的推动、责任文化的建设奠定重要基础。

社会责任联络人参与报告编制的途径主要包括：

● 参加报告启动会及培训会；

● 按照要求为社会责任报告提供素材；

● 撰写社会责任报告的相关内容；

● 填写利益相关方调查问卷；

● 参与报告相关内容的网络投票；

● 参与报告重大节点的讨论；

● 参与报告发布；

● 参与报告复盘；

● 填写利益相关方调查问卷；

● 参与报告相关内容的网络投票；

● 参与报告发布；

● 反馈报告意见。

3. 普通员工参与

广大企业员工是社会责任最庞大的内部利益相关方。以一定的方式，调动他们参与社会责任报告的编制过程，既能提升企业内部对社会责任报告的认同度，又能真正培育负责任的企业文化，增强企业的责任凝聚力和自豪感。

普通员工参与报告编制的途径主要包括：

● 填写利益相关方调查问卷；

● 参与报告相关内容的网络投票；

● 参与报告发布；

● 反馈报告意见。

（二）外部参与

与社会责任报告相关的外部重要利益相关方包括外部专家、社会责任监管部门和普通读者。

1. 外部专家参与

社会责任专家是社会责任的研究者和推动者。外部专家参与社会责任报告编制过程，能够有效提升社会责任报告的质量和社会责任报告编制工作的效率；社会责任专家对于社会责任报告的趋势和编制技巧有深入研究和丰富实践，能够为企业带来最新的外部知识。另外，外部专家在开展社会责任研究和交流的过程中，可以把企业社会责任报告的亮点进行展示和传播，提升企业社会责任报告的影响力。

外部专家参与报告编制的途径主要包括：

● 与企业组成联合项目组；

● 担任报告顾问；

● 接受报告编制组访谈；

● 填写利益相关方调查问卷；

● 参与报告研讨；

● 参与报告发布；

● 对报告进行点评。

2. 社会责任监管部门参加

社会责任监管部门是政策和标准的制定者。在社会责任报告编制的过程中，尽可能邀请社会责任监管部门人员参加，可以起到重点沟通、精准影响的作用，进而显著提升社会责任报告的价值。

社会责任监管部门参与报告编制的途径主要包括：

● 报告撰写过程中，邀请主管部门人员接受调研访谈；

● 报告撰写过程中，邀请主管部门人员参与报告研讨；

● 报告撰写完成后，邀请主管部门人员进行报告点评；

● 报告撰写完成后，邀请主管部门人员参加报告发布会；

● 报告撰写完成后，向主管部门寄送社会责任报告并汇报报告编制情况。

3. 普通读者参加

如何摆脱社会责任报告"写谁谁看"和"谁写谁看"的窘境，让普通读者愿意读报告，让其参与报告编制过程是重要的途径。普通读者参与到报告的编制过程，不仅能够提高报告回应社会环境问题的准确性，提升报告的影响力，也能够树立企业负责任的品牌形象。让社会公众更加了解和支持企业的经营发展。

普通读者参与报告编制的途径主要包括：

● 填写利益相关方调查问卷；

● 参与报告相关内容的投票；

● 反馈报告意见；

● 参与报告相关的策划活动。

（三）参与矩阵

表6-1　全生命周期参与矩阵

	参与主体	参与方式
组织	高层领导 外部专家 牵头部门 社会责任联络人	成立联合工作组
策划	高层领导 外部专家 牵头部门	成立联合工作组 专题小组
界定	原则上全体利益相关方	问卷调查 意见征求会
启动	高层领导 外部专家 牵头部门 社会责任联络人	启动暨研讨会
研究	外部专家 牵头部门	成立联合工作组
撰写	高层领导 外部专家 牵头部门 职能部门 下属单位	问卷调查 调研访谈 意见征求会 研讨会
发布	原则上全体利益相关方	发布会

四、影响传播

社会责任报告编制完成后，让其尽量广泛地影响利益相关方，是发挥报告价值的重要手段。如何让报告为社会公众所了解，可以从创新形式、增加交互、拓展渠道三个维度着手。

（一）创新形式

创新形式指对传统的社会责任报告进行"二次开发"，将常规报告转化为更加容易阅读的形式，满足现代社会人们的阅读习惯和阅读偏好。

1. 简版报告

在常规报告基础上，对各章节的重点、亮点内容进行筛选、组合与提炼。形成 10 页左右的精要内容，并进行重新设计、排版，让报告更加便携、易读。或是按照联合国全球契约的倡导，编制只披露社会责任年度工作进展的 COP 报告。

2. 图片报告

在传统报告基础上，按照"简版报告"的制作方式，对重点和亮点内容进行提炼。并在此基础上，按照"一张图"读懂的方式，对内容进行设计排版，形成图片报告。与简版报告相比，图片报告更为"简洁"，阅读性更好，但对文字提炼和设计排版的要求较高。近年来，"一张图读懂报告"已经为很多企业尝试，比如中国电子、三星中国等。

3. H5 报告

应用最新的第 5 代 HTML 技术，将传统的纸质报告或 PDF 报告，转换成为适合通过手机微信展示、分享的报告，可以集文字、图片、音乐、视频、链接等多种形式于一体。随着数量的增多，提升 H5 页面的制作效果，增加互动性和趣味性成为 H5 报告的新趋势。

图6-3　H5报告

4. 视频报告

视频报告是把社会责任的主要内容制作成以动画为主的视频形式。视频以清晰的脉络、生动的表达、简短的时间把企业履行社会责任的理念、管理、实践和绩效呈现在利益相关方面前，更具沟通性。视频报告使用环境灵活、沟通效果突出，已成为企业社会责任报告形式创新的重要方向。

5. 宣传文章

以报告为基本素材，组织和策划一系列宣传文章，在传统媒体、新媒体和自媒体上进行投放，提升社会责任报告的影响力。

（二）增加交互

现代社会，人们被海量信息包围。一件事物要想吸引大众注意，必须具备两个条件：第一是互动性，第二是趣味性。归根到底，就是要提升交互性。社会责任报告也是如此。

1. 增强互动性

企业社会责任报告是一个综合信息载体。精准找到报告与每一类利益相关方的强关联性，就能有效激发相关方阅读报告的热情，进而提升社会责任报告的影响传播范围。

2. 增强趣味性

无论何种形式的报告，"好玩"都是公众愿意去阅读的重要前提。企业应该努力将社会责任报告与人们生活中喜闻乐见的事物相结合，让读者在愉悦的氛围下阅读报告。

（三）拓展渠道

报告要影响到利益相关方，必须通过一定渠道。除了编写过程中经常使用的"报告专家意见征求会"和"报告发布会"等渠道外，拓展报告传播渠道的方式还有巧借平台、参与评级、建立网页、制作报告相关产品和在工作中使用报告等。

1. 巧借平台

借用不同平台发布社会责任报告是提升报告影响力的有效途径。包含以下方式：第一，借用内部平台，在企业重大活动中开辟专门环节发布社会责任报告。如一些企业在半年工作会上发布报告，一些企业在公司纪念日活动上发布报告等。第二，借用外部平台，通过参与大型企业社会责任会议和论坛，多次发布企业社会责任报告。

2. 参与评级

当前，国内关于社会责任报告评级时间最长、专业性最高、影响力最大的是中国社科院企业社会责任研究中心自 2010 年以来组织开展的"中国企业社会责任报告评级"。目前，评级已形成了评级报告、评级档案、评级证书、评级网站、报告白皮书五位一体成果体系。在研究、交流、展示过程中对评级企业的社会责任报告进行系统传播。

3. 建立网页

以企业社会责任报告的框架、内容为蓝本，并辅之以不同形态的社会责任报告版本，建设社会责任报告专门网站，将线下报告线上化，拓展报告传播渠道，提升报告影响力。

4. 制作报告相关产品

将报告内容巧妙附加在有使用价值的日常办公和交流材料（如笔记本、U盘）上，以此提升社会责任报告的可及性和影响频次。

5. 在工作中使用报告

推动报告的使用：第一，用社会责任报告替代部分企业宣传册的功能；第二，向各部门、下属单位发放社会责任报告，倡导其在对外交流合作中使用社会责任报告、传播负责任的企业形象；第三，在公共空间放置社会责任报告，供利益相关方取阅等。

第七章 报告质量标准

《指南1.0》和《指南2.0》时代，社会责任报告的重点聚焦在内容本身。对应地，报告的质量标准主要围绕报告内容展开，包括实质性、完整性、平衡性、可比性、可读性与创新性（六性）。《指南3.0》开启了报告全生命周期管理时代，对报告的关注不再局限于内容，而开始关注报告编制流程对社会责任管理工作的促进作用。倡导企业做实报告流程，以达到"以编促管"的目的。对应地，报告的质量标准增加了报告过程性（七性）。

随着社会责任报告实践的深入，《指南4.0》提出了报告价值管理的主张，弥合了报告生态中最重要的一环，从而形成内容、流程和价值的综合指南。一本好的报告的标准也呼之欲出。那就是内容翔实、精准、坦诚，流程完整、扎实，价值得到最大程度发挥，在内容、流程、价值方面有某种程度的创新和突破。因此，《指南4.0》提出了"四维"报告质量标准，即内容维度、流程维度、价值维度和创新维度。

由《指南3.0》的"七性"到《指南4.0》的"四维"，不仅是报告质量标准体系的优化和发展，更是对社会责任报告认识的深化。《指南4.0》完整回答了为什么要编制社会责任报告（价值）、如何编制社会责任报告（流程）、编制什么样的社会责任报告（内容），而新的思想、新的尝试、新的突破是无论何时都需要的（创新）。由此，构成了一个逻辑清楚、层次分明的社会责任报告工作生态系统。

一、内容标准

（一）实质性

1. 定义

实质性是指报告披露企业可持续发展的关键议题以及企业运营对利益相关方

的重大影响。利益相关方和企业管理者可根据实质性信息做出充分判断和决策，并采取可以影响企业绩效的行动。

2. 解读

企业社会责任议题的重要性和关键性受到企业经营特征的影响。具体来说，企业社会责任报告披露内容的实质性由企业所属行业、企业性质、经营环境和企业的关键利益相关方等决定。

3. 评估方式

内部视角：报告议题与企业经营战略的契合度。

外部视角：①报告议题是否关注了重大社会环境问题；②报告议题是否回应了利益相关方的关注点。

（二）完整性

1. 定义

完整性是指社会责任报告所涉及的内容较全面地反映企业对经济、社会和环境的重大影响，利益相关方可以根据社会责任报告知晓企业在报告期间履行社会责任的理念、制度、措施以及绩效。

2. 解读

完整性从两个方面对企业社会责任报告的内容进行考察：一是责任领域的完整性，即是否涵盖了责任管理、经济责任、社会责任和环境责任；二是披露方式的完整性，即是否包含了履行社会责任的理念、制度、措施及绩效。

3. 评估方式

● 标准分析：是否满足了《中国企业社会责任报告编写指南（CASS－CSR4.0)》等标准的披露要求。

● 内部运营重点：是否与企业战略和内部运营重点领域相吻合。

● 外部相关方关注点：是否回应了利益相关方的期望。

（三）平衡性

1. 定义

平衡性是指企业社会责任报告应中肯、客观地披露企业在报告期内的正面信息和负面信息，以确保利益相关方可以对企业的整体业绩进行准确的评价。

2. 解读

平衡性要求是为了避免企业在编写报告的过程中对企业的经济、社会、环境消极影响或损害的故意性遗漏，影响利益相关方对企业社会责任实践与绩效判断。

3. 评估方式

考查企业在社会责任报告中是否披露了实质性的负面信息。如果企业社会报告未披露任何负面信息，或者社会已知晓的重大负面信息在社会责任报告中未进行披露和回应，则违背了平衡性原则。

（四）可比性

1. 定义

可比性是指报告对信息的披露应有助于利益相关方对企业的责任表现进行分析和比较。

2. 解读

可比性体现在两个方面：纵向可比与横向可比，即企业在披露相关责任议题的绩效水平时既要披露企业历史绩效，又要披露同行绩效。

3. 评估方式

考查企业是否披露了连续数年的历史数据和行业数据。

（五）可读性

1. 定义

可读性指报告的信息披露方式易于读者理解和接受。

2. 解读

企业社会责任报告的可读性体现在以下方面：

● 结构清晰，条理清楚；

● 语言流畅、简洁、通俗易懂；

● 通过流程图、数据表、图片等使表达形式更加直观；

● 对术语、缩略词等专业词汇做出解释；

● 方便阅读的排版设计。

3. 评估方式

从报告篇章结构、排版设计、语言、图表等各个方面对报告的通俗易懂性进行评价。

二、流程标准

（一）组织

1. 定义

组织是指为完成社会责任报告的编制工作，相互协作结合而成的团体。

2. 解读

组织是社会责任报告编写的保证，是社会责任报告编制工作的起点，贯穿于报告编写的全部流程。强有力的组织，不仅能够保证报告编制工作的高效开展，也能够有效支撑和促进企业社会责任管理工作的进行。

3. 评估方式

表7-1　组织的评估方式

组织	1	成立报告编制工作组
	2	高层领导参与、领导和统筹报告编制
	3	职能部门和所属单位参与、配合报告编制
	4	外部专家参与、指导报告编制
	5	工作组有完善的运作机制

（二）策划

1. 定义

策划是为了最大程度地做好报告编制及其相关工作，遵循一定的方法或者规则，对未来即将发生的事情进行系统、周密、科学的预测，并制订科学的可行性方案。

2. 解读

策划是系统的设计。对社会责任报告而言，首先要明确编制社会责任报告的主要目标，进而对报告编制工作进行近期与远期、形式与内容、主题与框架、创新与传承、单项工作和建章立制等方面的系统计划。

3. 评估方式

表 7 - 2 策划的评估方式

策划	1	清晰定位报告功能与价值
	2	就报告内容、形式和体系等做中长期计划
	3	制定报告的主题和框架
	4	明确报告的创新点
	5	制定报告管理制度与流程

（三）界定

1. 定义

界定是指对企业社会责任报告披露的关键议题，按照一定的方法和流程进行确定。

2. 解读

实质性是企业社会责任报告内容标准的要求，如何确保报告内容的实质性，需要企业在社会责任报告编制的过程中进行实质性议题的界定。明确企业的核心社会责任议题，不仅能够用于社会责任的编制，也是企业开展社会责任管理与实践的重要基础。

3. 评估方式

表 7 - 3 界定的评估方式

界定	1	开展广泛的社会责任环境扫描
	2	构建科学、全面、与时俱进的议题清单
	3	就责任议题与利益相关方进行日常或专项沟通
	4	科学识别实质性议题
	5	建立实质性议题应用和管理机制

（四）启动

1. 定义

启动是指年度社会责任报告编制工作的开始，报告启动意味着编制工作进入了正式环节。

2. 解读

报告启动是报告编制工作过程中的标志性事件。启动会的召开是为了达到统一思想、聚合资源、了解形势、分配任务、解答疑难的目的。高质量的启动会能够保证报告编制各个环节的质量和效率。

3. 评估方式

表7-4　启动的评估方式

启动	1	召开报告编制启动会
	2	就社会责任报告理论、实践、趋势等进行培训
	3	讲解报告编制思路和推进计划
	4	建立信息化工作协同平台

(五) 研究

1. 定义

研究是指主动寻求社会责任报告的根本性特征与更高可靠性依据,从而为提高报告编制的可靠性和稳健性而工作。

2. 解读

工欲善其事必先利其器。在报告动笔前,开展系统的研究,对企业年度社会责任素材、国内外优秀企业社会责任报告、国内外最新社会责任标准和倡议进行研究,并开展调研征求公司领导、职能部室、下属单位对报告的意见,可以最大化开拓报告思路,夯实报告的内容。

3. 评估方式

表7-5　研究的评估方式

研究	1	消化吸收存量资料
	2	对标国内外优秀报告
	3	对高层领导进行访谈
	4	开展部门、所属单位访谈和调研

（六）撰写

1. 定位

撰写是按照社会责任报告的内容原则、质量原则，结合前期的组织、策划、界定、启动、研究工作的结果，开展社会责任报告主体内容的写作。

2. 解读

撰写是一项系统工程，包括素材收集—报告分工—初稿撰写—初稿研讨—素材补充—修改完善—报告统稿—部门会审—修改完善—领导审核—修改完善—文字定稿等，是社会责任报告编制工作的主体。

3. 评估方式

表 7－6　撰写的评估方式

	1	明确撰写方式
撰写	2	确定撰写流程
	3	制作和下发材料收集清单

（七）发布

1. 定义

发布是指社会责任报告等通过报纸、书刊、网络或者公众演讲等文字和演讲的形式公之于众，向外界传输企业履责信息的过程。

2. 解读

报告发布是利益相关方获取报告信息的关键环节，发布的方式和渠道多种多样。企业发布质量的高低直接决定社会责任报告能够发挥价值的程度。

3. 评估方式

表 7－7　发布的评估方式

	1	召开报告专家意见征求会
	2	召开报告专项发布会
发布	3	召开嵌入式报告发布会
	4	申请报告第三方评价、评级
	5	多渠道使用报告

（八）总结

1. 定义

总结是指社会责任报告告一段落或全部完成后进行回顾检查、分析评价，从而肯定成绩、得到经验、找出差距、总结教训和一些规律性认识的重要环节。

2. 解读

报告总结是社会责任报告闭环管理的最后一环，对报告进行总结，不仅能够系统回顾当年报告编制过程中的得失，也能够为未来报告编制统一认识，寻找改进点。

3. 评估方式

表7-8　总结的评估方式

总结	1	报告发布后，召开复盘会
	2	广泛征求利益相关方对报告的意见

三、价值标准

（一）回应性

1. 定义

回应性指社会责任报告在全面扫描企业社会责任履责环境的基础上，有针对性地将社会责任报告的编制、发布和应用与满足强势机构对企业履行社会责任的要求结合起来，为企业履行社会责任及经营发展争取最大的政策红利及声誉价值。

2. 解读

随着企业社会责任的发展，政府部门、行业协会、资本市场、科研机构、新闻媒体等利益相关方在社会责任的政策制定、研究推动、监管要求、评选评价等方面，有越来越多的行动和要求。企业通过发布社会责任报告来针对性地回应和满足这些要求，是企业社会责任报告最基本也是最重要的价值所在。

3. 评估方式

● 报告是否回应了重要的社会责任（监管）政策要求；

● 报告是否回应了重要的社会责任标准和倡议；

● 报告是否回应了重要的社会责任评选评价的要求。

案例：中国交建回应《社会、环境及管治报告指引》

2015 年 7 月 17 日，香港联合交易所发布了针对《环境、社会及管治报告指引》（《主板上市规则》附录二十七，"ESG"）的建议修订的咨询文件。ESG 于 2016 年 1 月 1 日或之后开始的财年正式生效，企业须每年披露环境、社会及管治资料，有关资料所涵盖的期间须与其年报内容涵盖的时间相同。中国交通建设集团作为在香港联合交易所上市的公司，积极响应港交所规定，在企业社会责任报告结尾附针对 ESG 的指标索引，满足 ESG 披露要求。

ESG 要求			对应报告位置
A1 排放物	一般披露	有关废气及温室气体排放，向水及土地的排污、有害及无害废弃物的产生等的：（a）政策；及（b）遵守发行人有重大影响的相关法律及规例的资料	P48
	A1.1	排放物种类及相关排放数据	P40－50，P73
	A1.2	温室气体总排放量（以吨计算）及（如适用）密度（如以每产量单位、每项设施计算）	P49－50，P73
	A1.3	所产生有害废弃物总量（以吨计算）及（如适用）密度（如以每产量单位、每项设施计算）	P49，P51
	A1.4	所产生无害废弃物总量（以吨计算）及（如适用）密度（如以每产量单位、每项设施计算）	P40－50
	A1.5	描述降低排放量的措施及所得成果	P51
	A1.6	描述处理有害及无害废弃物的方法、降低产生量的措施及所得成果	P49－51
A2 资源使用	一般披露	有效使用资源（包括能源、水及其他原材料）的政策	P48
	A2.1	按类型划分的直接及/或间接能源（如电、气或油）总耗量（以千个千瓦时计算）及密度（如以每产量单位、每项设施计算）	P73

续表

ESG 要求			对应报告位置
A2 资源使用	A2.2	总耗水量及密度（如以每产量单位、每项设施计算）	中国交建用水情况分为直接用水和间接用水。直接用水包括地下水取水、河流水取水等情况，项目所在地发展不均衡，计量统计难度大；间接用水暂时未建立总水耗量的统计渠道；2017 年起将通过改进用水设备逐步实现直接用水及间接用水的统计和管理

（二）参与性

1. 定义

参与性指企业社会责任报告在编制的全流程，通过设置恰当的环节，让利益相关方参与到报告的编制过程中。

2. 解读

让利益相关方参与报告的编制，是发挥报告编制价值的重要途径。企业应选择核心利益相关方，在适当的范围内参与到报告的编制中，深入沟通、精准影响，发挥过程价值。

3. 评估方式

● 企业高层领导参与到报告的编制过程；

● 职能部室和下属单位参与到报告编制的过程；

● 普通员工参与到报告编制的过程；

● 召开报告专家意见征求会；

● 申请报告第三方评价、评级；

● 政府、媒体、客户、合作伙伴、社区代表等参与到报告编制过程。

案例：佳能（中国）创新报告发布，提升利益相关方参与度

佳能（中国）于2017年8月30日在北京金宝大厦举行了2017年企业社会责任工作沟通会，沟通会上同时发布了《佳能（中国）企业社会责任报告2016~2017》。工信部政策法规司副巡视员郭秀明、中国外商投资企业协会副会长李玲等政府领导和行业协会、企业社会责任领域专家、企业代表等出席会议。

报告发布会上，佳能（中国）有限公司董事长兼首席执行官小泽秀树亲自致辞。随后7位佳能（中国）员工分别从客户、经销商、环境、员工、公益等角度向利益相关方全面展示佳能（中国）的社会责任理念和履责实践。与会嘉宾还近距离体验了佳能在智慧教育、安心城市和健康生活三个领域的产品和解决方案。整场沟通会以社会责任报告发布为契机，有效促进了政府关系和公众关系发展，增进了利益相关方沟通，加大了传播力度，提升了佳能（中国）品牌形象。

（三）传播性

1. 定义

传播性是指社会责任报告信息的传递和运行。

2. 解读

让报告所承载的社会责任信息为更多的利益相关方感知，从而知晓企业、了解企业、理解企业进而支持企业，是报告发挥价值的另外一个重要途径。让社会责任报告以更加通畅的渠道、更加新颖的形式呈现给更多利益相关方，是报告价值最大化的必然要求。

3. 评估方式

● 对报告进行二次开发，编制简版报告、H5版报告、视频版报告等；

● 召开报告专项发布会或嵌入式发布会；

● 在大型活动平台上二次发布报告；

● 结合报告发布策划系列宣传文章和主题活动；

● 参与报告相关的会议、论坛、调研等相关活动；

● 策划和推广报告主题产品；

● 制作报告专门网站；

● 多渠道使用报告。

案例：华润集团全方位传播方式

华润（集团）有限公司2015年社会责任报告完成后，除了将定稿的电子版报告上传企业官网和以官微推送，供利益相关方下载阅读外，还进行了全方位的宣传发布活动。

（1）制作了2015年社会责任报告的简版报告。梳理履责亮点，提炼关键数据，制作成简版口袋书形式，便于携带和传播；

（2）用报告封面设计制作了卡式U盘，U盘内预拷贝社会责任报告，以礼品形式赠送发布；

（3）在香港部分纸媒上进行了投放宣传；

（4）在《指南4.0》启动会上进行了二次发布演讲。

通过多种形式，有效加大了宣传覆盖面，提升了宣传质量。

四、创新标准

1. 定义

创新是指企业社会责任报告在各个维度或事项上的突破点。

2. 解读

社会责任报告的创新主要体现在三个方面：报告内容、形式的创新；报告流程的创新；报告价值的创新。创新不是目的，通过创新提高报告质量是根本。

3. 评估方式

将报告内容、形式、流程、价值与国内外社会责任报告以及企业往期社会责任报告进行对比，判断其有无创新，以及创新是否提高了报告质量。

第八章 案例

一、中国石油化工集团有限公司

（一）公司简介

中国石油化工集团有限公司（英文缩写 Sinopec Group）是 1998 年 7 月国家在原中国石油化工总公司基础上重组成立的特大型石油石化企业集团，注册资本 2749 亿元，董事长为法定代表人，总部设在北京。公司对其全资企业、控股企业、参股企业的有关国有资产行使资产受益、重大决策和选择管理者等出资人的权利，对国有资产依法进行经营、管理和监督，并相应承担保值增值责任。

公司主营业务范围包括：实业投资及投资管理；石油、天然气的勘探、开采、储运（含管道运输）、销售和综合利用；煤炭生产、销售、储存、运输；石油炼制；成品油储存、运输、批发和零售；石油化工、天然气化工、煤化工及其他化工产品的生产、销售、储存、运输；新能源、地热等能源产品的生产、销售、储存、运输；石油石化工程的勘探、设计、咨询、施工、安装；石油石化设备检修、维修；机电设备研发、制造与销售；电力、蒸汽、水务和工业气体的生产销售；技术、电子商务及信息、替代能源产品的研究、开发、应用、咨询服务；自营和代理有关商品和技术的进出口；对外工程承包、招标采购、劳务输出；国际化仓储与物流业务等。

中国石化以"为美好生活加油"为使命，从以下四个方面为建设世界一流能源化工公司而努力奋斗。

致力于成为可持续发展企业。全面实施"价值引领、创新驱动、资源统筹、开放合作、绿色低碳"发展战略，迅速适应环境变化，加快转方式调结构、提质增效升级，使公司在已领先的竞争领域和未来的经营环境中努力保持持续的盈利增长及能力提升，保证公司长盛不衰。

致力于成为利益相关方满意企业。更加突出技术进步和以人为本，努力提供优质的产品、技术和服务，展现良好的社会责任形象，让员工、客户、股东、社会公众以及业务所在国（地区）的民众满意，努力成为高度负责任、高度受尊敬的卓越企业。

致力于成为绿色高效能源化工企业。以能源、化工作为主营方向，做好战略布局和业务结构优化，在发展好传统业务的同时，不断开发和高效利用页岩气、地热、生物质能等新兴产业。开发绿色低碳生产技术，研发生产环保新材料，促进煤炭资源清洁化利用，努力成为绿色高效的能源化工企业。

致力于成为世界一流企业。世界一流企业不仅需要一流的规模，更需要一流的质量和效益，一流的企业文化管理和品牌形象，以及一流的市场化、国际化竞争能力。中国石化要对照世界一流企业的标准，通过艰苦不懈的努力，成为治理规范，管理高效，文化先进，市场化程度高，国际化经营能力强，拥有世界一流技术、人才和品牌的先进企业。

公司炼油能力排名世界第一位，芳烃生产能力排名全球第一，乙烯生产能力排名全球第四，加油站总数位居世界第二，在2018年《财富》世界500强企业中排名第3位。

（二）责任报告

1. 报告概览

企业社会责任报告是企业就社会责任议题与利益相关方进行沟通的重要平台。中国石化结合国家大势、社会关注和内外部利益相关方需求，创新形成"1＋N"报告体系及常态化发布机制，加强沟通与交流，传播责任理念与实践，塑造企业责任形象；其中，"1"指集团社会责任报告，"N"指精准扶贫报告、海外履责报告、环境履责报告、区域发展报告和集团所属企业社会责任报告。

集团社会责任报告。中国石化自2008年发布第一份集团企业社会责任报告以来，本着客观、规范、透明、全面的原则，已经连续12年发布企业社会责任报告，披露公司保障能源供应以及经济、环境、社会等方面的工作绩效。

精准扶贫报告。践行国家战略，助力精准扶贫。中国石化发布《中国石化精准扶贫白皮书（2002～2016）》和《中国石化精准扶贫白皮书（2017～2018）》两本报告，从产业扶贫、消费扶贫、健康扶贫、生态扶贫、基础设施扶贫、救济救助扶贫、教育扶贫和科技扶贫八个方面披露公司扶贫工作进展。

海外履责报告。响应"一带一路"倡议，海外履责，做全球企业公民。中国石化2012年发布《中国石化在巴西》（中文、英文、葡萄牙文），2013年发布《中国石化在非洲》（中文、英文），从业务发展、安全生产、保护当地环境、关爱员工和社区参与五个方面披露中国石化在巴西和非洲的履责实践。

环境履责报告。绿水青山就是金山银山。中国石化发布《中国石化环境保护白皮书（2012）》报告，披露公司在环境保护方面的履责成效；发布《中国石化页岩气开发环境、社会、治理报告》，披露中国石化涪陵页岩气开发项目在页岩气安全开发，保护当地环境，社区沟通等方面的实践，回应公众的知情诉求。

区域发展报告。区域协调发展，助推公司全面发展。中国石化发布《中国石化在安徽》《中国石化在广西》《中国石化在湖北》《中国石化在湖南》《中国石化在山东》《中国石化在天津》《中国石化在新疆》《中国石化在浙江》《中国石化在西藏》等11份区域发展报告，披露区域公司在经济、环境和社会等方面的履责成效。

集团所属企业社会责任报告。集团所属企业中国石化股份和中国石化油服连续多年发布社会责任报告、可持续发展报告，披露企业在经济、环境和社会等方面的履责成效。

2019年7月，中国石化发布《2018社会责任报告》，这是公司第12份社会责任报告，从"公司治理""能源化工""绿色低碳""携手伙伴""回馈社会""伙伴责任""境外履责""责任管理"等方面全面披露公司在2018年的履责情况。

中国石化利用每年度发行的企业社会责任报告（见表8-1），将企业社会责任方面的成果向社会做积极的展示，并在公司主页刊登电子版，为各相关机构背对背评价方式提供便利。同时，积极联络企业社会责任专家进行评价沟通，主动提交报告成果，参与外部评价，进一步提升、改善企业社会责任工作和社会责任报告编制水平。

表 8－1 中国石化社会责任报告发布情况

发布年份	报告名称	报告语言	报告版本	参考标准	第三方评价
2008	中国石化 2007 社会责任报告	中文	印刷版、电子版	GRI3.0 IPIECA/API	—
2009	中国石化 2008 社会责任报告	中文	印刷版、电子版	UNGC	—
2010	中国石化 2009 社会责任报告	中文/英文	印刷版、电子版	GRI3.0 IPIECA/API 《关于中央企业履行社会责任的指导意见》 CASS－CSR1.0 等	中国企业社会责任报告专家评级委员会
2011	中国石化 2010 社会责任报告	中文/英文	印刷版、电子版	GRI3.0 IPIECA/API 《关于中央企业履行社会责任的指导意见》 CASS－CSR2.0 等	中国企业社会责任报告专家评级委员会
2012	中国石化 2011 社会责任报告	中文/英文	印刷版、电子版	GRI3.0 IPIECA/API 《关于中央企业履行社会责任的指导意见》 CASS－CSR2.0 等	中国企业社会责任报告专家评级委员会
2013	中国石化 2012 社会责任报告	中文/英文	印刷版、电子版	GRI3.0 IPIECA/API 《关于中央企业履行社会责任的指导意见》 CASS－CSR2.0 等	中国企业社会责任报告专家评级委员会
2014	中国石化 2013 社会责任报告	中文/英文	印刷版、电子版	GRI3.0 IPIECA/API 《关于中央企业履行社会责任的指导意见》 CASS－CSR3.0 等	中国企业社会责任报告专家评级委员会

发布年份	报告名称	报告语言	报告版本	参考标准	第三方评价
2015	中国石化 2014 社会责任报告	中文/ 英文	印刷版、电子版	GRI3.0 IPIECA/API 《关于中央企业履行社会责任的指导意见》 CASS – CSR3.0 等	中国企业社会责任报告专家评级委员会
2016	中国石化 2015 社会责任报告	中文/ 英文	印刷版、电子版	GRI3.0 IPIECA/API 《关于中央企业履行社会责任的指导意见》 CASS – CSR3.0 等	中国企业社会责任报告专家评级委员会
2017	中国石化 2016 社会责任报告	中文/ 英文	印刷版、电子版	GRI3.0 IPIECA/API 《关于中央企业履行社会责任的指导意见》 CASS – CSR3.0 等	中国企业社会责任报告专家评级委员会
2018	中国石化 2017 社会责任报告	中文/ 英文	印刷版、电子版	GRI3.0 IPIECA/API 《关于中央企业履行社会责任的指导意见》 CASS – CSR3.0 等	中国企业社会责任报告专家评级委员会
2019	中国石化 2018 社会责任报告	中文/ 英文	印刷版、电子版	GRI3.0 IPIECA/API 《关于中央企业履行社会责任的指导意见》 CASS – CSR4.0 等	中国企业社会责任报告专家评级委员会

2. 报告投入

中国石化企业社会责任报告以内部编制为主，各下属公司社会责任联络人负责收集数据，集团公司各职能部门进行案例材料提交，社会责任团队进行资料整理和报告撰写。除了内部人员积极参与编写以外，公司还邀请外部社会责任专家为报告编写提出意见或建议。每年报告编写投入资源如表 8-2 所示。

表 8-2　中国石化社会责任报告投入①

报告名称	投入人员	投入时间	收集素材
中国石化 2011 社会责任报告	10	4 个月	46 万文字素材及 700 多张照片
中国石化 2012 社会责任报告	10	5 个月	45 万文字素材及 600 多张照片
中国石化 2013 社会责任报告	12	5 个月	50 万文字素材及 800 多张照片
中国石化 2014 社会责任报告	12	4 个月	46 万文字素材及 700 多张照片
中国石化 2015 社会责任报告	10	5 个月	43 万文字素材及 600 多张照片
中国石化 2016 社会责任报告	10	5 个月	42 万文字素材及 800 多张照片
中国石化 2017 社会责任报告	12	5 个月	48 万文字素材及 700 多张照片
中国石化 2018 社会责任报告	12	5 个月	50 万文字素材及 600 多张照片

（三）报告管理

1. 组织

近年来，中国石化坚持与国家发展理念相结合，与公司发展战略相结合，与主营业务相结合，与利益相关方相结合；从分散化、被动化、单一化向系统化、项目化、品牌化转变，从参与者、跟随者、响应者向实践者、示范者、引领者转变，大力加强和改进社会责任管理，把社会责任管理融入公司战略、企业文化和日常运营，持续提升履责能力，增强价值创造能力，实现优质高效可持续发展，持续提升公司的美誉度和影响力。

中国石化对社会责任工作实行规范化管理，建立三级管理体系。中国石化集团公司董事会设立社会责任委员会，集团公司成立了品牌领导小组，社会责任委员会下设办公室于宣传工作部。

（1）社会责任组织体系。中国石化建立了覆盖集团公司，分、子公司的联动社会责任组织体系，在分、子公司明确责任部门，明确集团公司各部门、各直属单位社会责任专（兼）职工作人员为社会责任管理工作联络员。

---

① 此处所举的报告案例以中国石化最新发布的 8 份企业社会责任报告为例。

（2）社会责任融入。中国石化设立社会责任委员会，将社会责任融入企业管理中。中国石化是中央企业中首家在董事会设置社会责任委员会的企业，作为公司社会责任决策领导机构，委员会主要负责统筹公司社会责任工作，制定相关政策及审阅相关文件。

（3）社会责任组织队伍。社会责任委员会下设社会责任办公室于宣传工作部，主要负责公司社会责任战略规划及具体事务等的统筹、协调与推进，社会责任报告编制与发布，以及责任沟通、传播与研究等事项。公司总部各部门按照职能分工，负责业务范围内的社会责任工作。各直属单位（企业）建立社会责任管理机构，积极推进社会责任实践，保证社会责任工作正常开展。如图8－1所示。

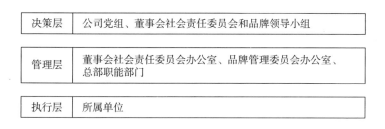

决策层	公司党组、董事会社会责任委员会和品牌领导小组
管理层	董事会社会责任委员会办公室、品牌管理委员会办公室、总部职能部门
执行层	所属单位

图8－1　中国石化社会责任组织架构图

2. 参与

中国石化2018年社会责任报告编制历时8个月，主要分为议题识别和报告编制两个阶段。在议题识别方面，对内，通过员工网络问卷调查、社会责任议题征集等收集了内部利益相关方关注的议题；对外，通过企业声誉调研、媒体座谈会、社会监督员座谈会、企业开放日等活动收集了外部利益相关方关注的议题。综合内外部利益相关方和社会责任研究机构的意见，确定了报告的核心议题。

在报告编制方面，报告编制工作小组围绕核心议题制定报告编制方案、起草报告提纲、收集并分析有关材料、编写报告内容及征求意见并修改完善，组织编委会审稿，提交第三方评审机构评级，并提交董事会审议通过。

中国石化深知企业可持续发展和稳健成长离不开利益相关方的信任及支持，公司深入研究相关方的合理需求和期望，将其转化为企业发展的行动目标和方案，并积极主动拓宽沟通方式，创新沟通渠道，及时有效地传播公司的社会责任理念和履责动态，打造负责任的品牌形象，提高企业责任竞争力。如表 8－3 所示。

表 8－3　中国石化利益相关方参与

社会责任沟通	发布社会责任报告/专项报告	发布《中国石化 2017 社会责任报告》
		发布《中国石化在西藏（2002～2017）》
		发布《中国石化精准扶贫白皮书（2017～2018）》
		发布《中国石化在新疆（1978～2018）》责任报告
	报刊平台	《中国石化报》
		《中国石化》月刊等
	新媒体平台	石化新闻 APP
		中国石化官方微博"石化实说"：http：//weibo. com/sinopec
		中国石化官方微信：woshixiaoshitou
		石化黑板报官方微信：shhbb2014
		中国石化官方抖音号：zgsh
		Twitter：@ SinopecNews
		Facebook：@ Sinopec
	"互联网＋"平台	中国石化新闻网：http：//www. sinopecnews. com
		中国石化网上博物馆：http：//museum. sinopec. com
社会责任交流	组织"走进中国石化"系列活动	截至 2018 年底，连续 7 年开展"公众开放日"活动
		截至 2018 年底，连续 8 年开展"社会监督员"活动
		截至 2018 年底，连续 9 年开展媒体沟通会活动
	支持 2018 实现可持续发展目标中国企业峰会	支持由联合国全球契约中国网络等机构主办的"2018 实现可持续发展目标中国企业峰会"。中国石化"爱心加油站·环卫驿站"入选《实现可持续发展目标 2018 中国企业最佳实践》成果集，并荣获"实现可持续发展目标 2018 中国企业最佳实践"奖
	参加企业社会责任交流活动	参加中国社会责任百人论坛、中国企业社会责任报告国际研讨会等，加强同各界在社会责任方面的经验交流，提升履责能力
	社会责任评价	《企业社会责任蓝皮书（2018）》显示，中国石化社会责任发展指数达五星级水平，位列石油石化行业第一；连续 8 年荣获中国新闻社颁发的"2018 年度责任企业"奖项；荣获人民网颁发的"改革先锋奖"；荣获新华网颁发的"精准扶贫奖"；连续 14 年荣获中华健康快车基金会颁发的"光明功勋特别奖"；连续 8 年获评"中国低碳榜样"；被中国社科院评为"责任十年，国企十佳"

3. 界定

（1）议题确定流程。

● 参考专业标准；

● 结合企业实践；

● 听取专家意见；

● 中高层领导访谈；

● 利益相关方访谈。

（2）社会责任核心议题。中国石化以公司战略、企业管理现状和利益相关方关注焦点为基础，依据国内外社会责任报告主流编制依据（GRI4、CASS - CSR4.0）以及 IPIECA、API 联合发布的《石油和天然气行业自愿发布可持续报告指南》、社会舆论及行业焦点，通过深度访谈、问卷调研、反向路演、社会监督员座谈、企业公众开放日等活动，从内外部收集和梳理出中国石化可持续发展议题库。中国石化建立议题筛选矩阵，对议题进一步识别排序，确定公司核心可持续发展议题。中国石化就可持续发展议题同时进行多次定期、及时的内外部沟通，为报告编写奠定基础。如表 8 - 4 所示。

表 8 - 4　中国石化 2018 年社会责任核心议题

可持续发展和社会责任管理	风险管理	反腐倡廉建设	能源与化工产品供应
非油品服务	产品质量与服务	创新发展	安全生产
职业健康与安全	供应链管理	清洁能源供应	节能减排
应对气候变化	生物多样性保护	关注股东权益	维护员工权益
人权保护	公益慈善与志愿服务	精准扶贫	海外履责

4. 启动

中国石化通过建立报告编写组，下发报告编写通知，召开报告编制启动会。2018 年 12 月，中国石化启动 2018 年社会责任报告编制工作，成立由 12 人组成的报告编制小组，并制订《公司 2018 年社会责任报告编制工作计划》，下发《关于提交 2018 年社会责任报告材料的通知》，循序渐进推进资料收集、参与编制人员进场、报告第一稿、专家评审会、利益相关方意见征求会、集团社会责任委员会最终审议、报告定稿、报告印刷、报告发布，时间跨度 2018 年 12 月到 2019 年 7 月。

5. 编写

中国石化通过以下方法收集报告编写素材：

● 制定并下发部门资料收集清单；

● 对高层管理者、利益相关方进行访谈；

● 对下属企业进行调研；

● 对企业存量资料进行案头分析。

中国石化通过对各利益相关方的调研和座谈来确定报告需要披露的核心议题，以回应利益相关方关切的问题，包括员工问卷调查、媒体座谈会、社会监督员座谈会、企业开放日等。在报告编制方面，报告编制工作小组围绕核心议题制定了报告编制方案、起草报告提纲、收集并分析有关材料、编写报告内容并征求相关方意见、修改完善等，最终董事会审议通过。

中国石化 2018 社会责任报告从"公司治理""能源化工""绿色低碳""携手伙伴""回馈社会""伙伴责任""境外履责""责任管理"等方面，用图文并茂的形式全面阐述了中国石化在履行企业社会责任方面的重要举措和情况，并披露了公司相关的业绩指标。

6. 发布

中国石化每年报告发布均结合当年社会责任重点议题，精心安排发布会各环节，最大程度发挥报告沟通作用。例如，2018 年，中国石化结合"环卫驿站"公益项目 13 省区启动，发布社会责任报告；2019 年 7 月 19 日，中国石化结合消费扶贫，在北京总部举办社会责任报告发布暨消费扶贫工作推进会，现场发布《中国石化 2018 社会责任报告》。

7. 使用

公司在报告发布后对报告编制工作开展了分析和总结，为下一年持续提升报告质量打下基础。2018 年企业社会责任报告在 2017 年五星级报告的编制基础上，进一步借鉴全球先进企业社会责任报告，结合中国石化自身的特点，从形式、结构、内容三方面进行创新和改进，进一步提升了报告整体质量。此外，中国石化利用多样化形式和渠道向公众展示社会责任报告。如，在公司内部大型活动以及对外交流中推送社会责任报告，以达到与利益相关方的沟通目的。

二、中国 LG 化学

（一）公司简介

LG 化学成立于 1947 年，至今已在世界各主要地区建立了研发、生产和销售的全球化网络，共拥有 23 家生产法人、14 家销售法人、5 家分公司和 1 家研发中心。经过 70 余年的持续创新，LG 化学已成为全球代表性化学企业。2018 年，LG 化学全球市场共实现销售额 250 亿美元，营业利润 20 亿美元，名列《美国化学学会杂志》评选的全球十大化学企业、位列英国 Brand Finance 发布的化学品牌价值榜第四。公司将"为顾客创造价值"和"尊重人的经营"作为经营理念，以"正道经营"的行动方式，做 Solution Partner 践行者，努力成为符合顾客期待、值得信任的领先化学企业。

自 1982 年进入中国以来，LG 化学先后在宁波、天津、南京等地建立 15 家生产企业和 1 家技术中心，并于 2004 年在北京设立中国地区总部。2018 年，LG 化学中国市场实现销售额约 97 亿美元，约占全球销售额 1/3，成为名副其实的最大销售市场。中国 LG 化学坚持以创新的材料和解决方案携手顾客共同成长，在加强事业竞争力的同时注重履行社会责任，努力成为与中国共同发展、引领中国市场的模范企业。

（二）责任报告

1. 报告概览

企业社会责任报告是企业就社会责任议题与利益相关方进行沟通的重要平台。LG 化学坚持 "Sustainable Chemistry for Human and Environment" 可持续经营目标，不断努力成为 "以人为本" 及 "与环境协调发展" 的化学企业。中国 LG 化学积极践行可持续发展目标，并坚持在与利益相关方沟通实践中共同发展，实现可持续经营，打造成为与社会同呼吸的有责任感的企业。2013 年 7 月，发布了首份《LG 化学（中国）2012 社会责任报告》，在向政府、顾客、员工、同业者、合作伙伴、社区等利益相关方披露 LG 化学在华 CSR 履行情况的同时，也将分析成果反馈给公司管理层和在华企业总经理，希望可以作为一份强化内部管理，进行针对性的监控、改进的系统数据材料。2013 年至今，中国 LG 化学已经连续发布 7 份社会责任报告（见表8－5），利用每年度发行的企业社会责任报告，积极向社会展示企业社会责任成果，并在公司主页刊登电子版，为各相关机构背对背评价方式提供便利。同时，积极联络重量级企业社会责任专家进行评价沟通，主动提交报告成果，参与外部评价，以推动 LG 化学的品牌建设。

表8－5　中国 LG 化学社会责任报告发布情况

发布年份	报告页数	报告语言	报告版本	参考标准
2013	57	中文	印刷版、电子版	《CASS－CSR 2.0》 GRI3
2014	67	中文	印刷版、电子版	《CASS－CSR 3.0》 ISO26000 GRI4
2015	74	中文	印刷版、电子版	《CASS－CSR3.0 之石油化工业指南》
2016	74	中文	印刷版、电子版	《CASS－CSR3.0 之石油化工业指南》
2017	74	中文	印刷版、电子版	《CASS－CSR 4.0》
2018	71	中文	印刷版、电子版	SDGs GRI4 《CASS－CSR 4.0》
2019	91	中文	印刷版、电子版	SDGs GRI4 《CASS－CSR 4.0》

2. 报告投入

中国 LG 化学企业社会责任报告采用内外部相结合的方式编制报告，并邀请外部社会责任专家为报告编写提出意见建议。每年报告编写投入资源如表8－6所示。

表 8 - 6　中国 LG 化学企业社会责任报告投入

报告名称	投入人员	投入时间	搜集素材
中国 LG 化学 2012 社会责任报告	4	5 个月	30 多万字素材及照片
中国 LG 化学 2013 社会责任报告	4	5 个月	30 多万字素材及照片
中国 LG 化学 2014 社会责任报告	4	5 个月	30 多万字素材及照片
中国 LG 化学 2015 社会责任报告	4	5 个月	30 多万字素材及照片
中国 LG 化学 2016 社会责任报告	5	5 个月	30 多万字素材及照片
中国 LG 化学 2017 社会责任报告	4	5 个月	30 多万字素材及照片
中国 LG 化学 2018 社会责任报告	6	5 个月	30 多万字素材及照片

（三）报告管理

1. 组织

（1）社会责任组织体系。良好的组织体系是报告质量的保障。为有效地推进公司可持续发展和社会责任工作，LG 化学韩国总部成立了 CSR 团队，由公司 CEO 负责，CSR Team 统一管理（见图 8 - 2）。中国 LG 化学品牌公关部负责社会责任工作的统筹、协调和日常管理，包括制定社会责任规划和年度发展计划，开展社会责任研究、培训和交流，编制和发布公司年度社会责任报告等。

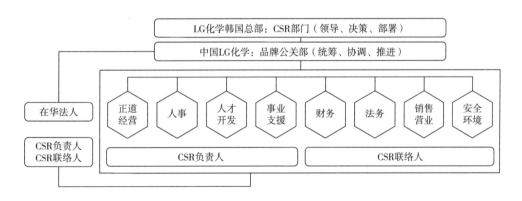

图 8 - 2　中国 LG 化学 CSR 组织体系

（2）社会责任组织队伍。中国 LG 化学设置了专职社会责任团队来管理和推进公司的企业社会责任工作。LG 化学为在华法人设置了 CSR 专任/兼任的责任者与联络窗口，以保证企业社会责任在中国 LG 化学畅通、直接地进行推进和管理。同时，注重加强团队人员的素质建设，积极组织团队人员参与内外部 CSR 培训及交流活动，提升 CSR 意识和能力。

2. 参与

中国 LG 化学把加强与利益相关方的沟通作为履行社会责任、实现可持续发展的重要途径，不断建立社会责任沟通机制，主动发现并积极回应利益相关方的期望。

公司积极参加政府、行业协会和科研院所举办的企业社会责任会议、论坛和活动。公司内部定期开展 CSR Workshop 等活动，讨论公司 CSR 战略与方向。通过发布社会责任报告、社会责任专刊等，增强同利益相关方沟通。如表 8-7 所示。

表 8-7　参与方式

利益相关方	描述	对公司的期望	沟通渠道和方式
客户	已购买或潜在购买公司产品和服务的所有用户	提供高品质产品 确保产品安全 提供优质服务	客户满意度调查 客户关系管理 客户座谈与走访 应对客户投诉
政府	中国政府和业务所在地政府	贯彻宏观政策 诚信守法经营 依法纳税 带动就业 防范经营风险	参与政策、规划调研与制定 专题汇报 接受监督考核
员工	公司组织机构中的全部成员	员工权益保障 员工职业发展 员工关爱	职工代表大会 各级工会组织 员工参与企业管理渠道 意见和合理化建议征集
同业者	石油化工业企业	经验共享 技术交流 竞争合作	参加行业会议 日常联络
合作伙伴	供应商、承包商	遵守商业道德 公开、公平、公正采购 互利共赢、共同发展	公开采购信息 谈判与交流

利益相关方	描述	对公司的期望	沟通渠道和方式
社区	企业业务、运营所在地	社区公共事业发展 增加社会就业	社区座谈与交流 社区公益活动 社区共建活动
环境	企业业务、运营所在地及整个地球的自然环境	遵守环保法律法规 环境保护 节能降耗	环境管理战略与组织体系 环保培训 推进节能减排 研发绿色产品 应对气候变化 绿色办公
社会组织	行业协会、科研院所、国际国内民间组织、地方团体等	保持密切联系，保持信息共享，积极参与、支持社会团体组织的各项活动	参与政府、行业协会、科研院所的会议、论坛和活动

3. 界定

（1）议题确定流程：

● 参考专业标准；

● 结合企业实践；

● 听取专家意见；

● 中高层领导访谈；

● 利益相关方访谈。

（2）社会责任核心议题。中国 LG 化学紧跟《联合国可持续发展目标（SDGs）》、全球报告倡议组织《可持续发展报告编写指南（G4）》及《中国企业社会责任报告编写指南（CASS 4.0）》等国内外标准倡议，结合企业自身实践和利益相关方普遍要求，确定社会责任核心议题清单，并从"对企业可持续发展的影响"和"对利益相关方的重要性"两个维度对社会责任议题进行分析，确定实质性议题，明确社会责任工作的重点与报告内容的边界。如图 8 - 3 所示。

1.公司治理	12.员工本地化
2.正道经营	13.职业健康与安全
3.合规经营	14.职业发展
4.风险管理	15.青少年关爱
5.产品质量与服务	16.社区贡献
6.科技创新	17.节能减排与应对气候变化
7.Solution Pattren解决方案	18.绿色产品研发
8.客户隐私与信息安全	19.危险化学品管理
9.供应链管理	20.水资源管理
10.安全生产	21.循环经济
11.劳工权益与保护	22.环保公益

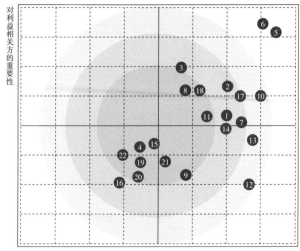

对利益相关方的重要性

对企业可持续发展的重要性

图 8-3 中国 LG 化学 CSR 核心议题

4. 启动

（1）组织准备。

《中国 LG 化学 2018 社会责任报告》编制工作于 2019 年 3 月正式启动，品牌公关部牵头成立报告编写小组，LG 化学大中华区总裁任小组最高领导，各部门负责人和在华法人 CSR 负责人填报数据，并邀请中国社会科学院企业社会责任研究中心专家参与报告编写，成立联合项目组，共同推进 CSR 报告编制工作。

（2）计划推进。

中国 LG 化学 CSR 报告书严格按照报告编写推进计划执行。2019 年 3 月，召开报告编制启动会，总部和中国区法人 CSR 负责人参加会议。5 月，组织社会责任培训，邀请中国社会科学院企业社会责任研究中心 CSR 专家讲解国内社会责任管理现状、社会责任报告发展趋势。7 月初，报告文字稿完成，并进行设计。7 月底，如期编制完成。

5. 编写

《中国 LG 化学 2018 社会责任报告》从正式启动到编写发布，一共经历了 5 个月的时间。

（1）前期准备。

➢ 形成报告基本框架

根据利益相关方访谈与调研结果，并结合中国 LG 化学的年度战略和发展要求，形成报告书的基本框架。

《中国 LG 化学 2018 社会责任报告》以 "Sustainable Chemistry for Human and Environment" 为主体，以 "技术转型，智慧赋能未来；至臻品质，服务美好生活；安全环保，守护绿色家园；员工关爱，成就幸福梦想；热心公益，真情奉献社会" 五大部分搭建报告框架，体现企业在核心议题管理、行动方面的相关信息。

（2）报告编写。

➢ 资料收集

在确定了报告的主题、框架之后，报告项目组制作资料收集清单，面向所有中国 LG 化学重点部门、在华法人等进行相关资料的收集。

● 总部各职能部门横向资料收集。

LG 化学（中国）投资有限公司作为地区总部，根据人事、人才开发、正道经营、安全环境、行政、销售营业等部门职能划分，制定相应的社会责任定性和定量资料清单。

● 面向 LG 化学在华法人进行材料收集，贯穿于日常工作的阶段性资料收集和年终资料统计。

通过各法人 CSR 负责人对所在公司业务范围以外的资料进行阶段性收集，由公司对外合作部进行最终案例的汇总。

● 重点案例征集和整理

根据 LG 化学战略分析及报告议题内容，就专题案例进行针对性的材料收集、翻译。

➢ 报告撰写

基于报告框架、各方材料、LG 化学总部可持续发展战略方向，进行报告内容撰写。

➢ 评级与总结

2019 年 7 月，中国 LG 化学就《2018 社会责任报告》邀请公司高层领导、部门领导、在华法人代表进行审核，提出修订意见。通过反馈意见，对报告进行修订之后，将报告提交中国企业社会责任报告评级专家委员会，《中国LG化学2018社会责任报告》最终获得五星级的优秀评价。

中国LG化学在发布报告后及时进行报告编制的总结活动，将评级结果及成绩及时向LG化学总部反馈，并通过官方微信等渠道向社会传播，并将报告评价结果反馈给公司经营层干部和在华企业相关负责人。

6. 发布

截至目前，中国LG化学已经连续七年发布企业社会责任报告。报告发布后，除印刷版本递送利益相关方外，均在公司网站可持续经营专栏下社会责任报告中通过电子版呈现，用最直接和方便的阅读方式将报告呈献给利益相关方。

7. 使用

社会责任报告是综合展现企业社会责任履行情况的载体，也是公司评估年度可持续发展绩效、收集利益相关方反馈意见，进而针对性提升企业管理水平的重要管理工具。中国LG化学鼓励在与利益相关方进行沟通时积极使用社会责任报告。通过CSR报告，不仅可以有效梳理企业自身的管理实效，从更高的层次上传递企业在经济、环境和社会方面遇到的机遇和挑战，而且有助于加强公司与外部利益相关方，如顾客、供应商、社区等的沟通，建立信任。此外，CSR报告还可以塑造企业声誉，打造LG化学在华负责任的品牌形象。

附　录

一、研究业绩

【课题】

1. 国务院扶贫办：《企业精准扶贫案例研究》，2018 年。

2. 国务院国资委：《中央企业社会责任蓝皮书》《中央企业海外社会责任蓝皮书》，2018 年。

3. 国务院国资委：《中央企业海外社会责任研究》，2018 年。

4. 国务院扶贫办：《促进企业参与精准扶贫机制研究》，2017 年。

5. 国家发改委：《"一带一路"与海外企业社会责任》，2015 年。

6. 工业和信息化部：《责任制造——以社会责任推动"中国制造 2025"》，2015 年。

7. 国务院国资委：《中央企业海外社会责任研究》，2014 年。

8. 国务院国资委：《中央企业社会责任优秀案例研究》，2014 年。

9. 国家食药监局：《中国食品药品行业社会责任信息披露机制研究》，2014 年。

10. 国土资源部：《矿山企业社会责任评价指标体系研究》，2014 年。

11. 中国保监会：《中国保险业社会责任白皮书》，2014 年。

12. 全国工商联：《中国民营企业社会责任研究报告》，2014 年。

13. 陕西省政府：《陕西省企业社会责任研究报告》，2014 年。

14. 国土资源部：《矿业企业社会责任报告制度研究》，2013 年。

15. 国务院国资委：《中央企业社会责任优秀案例研究》，2013 年。

16. 中国扶贫基金会：《中资海外企业社会责任研究》，2012 年至 2013 年。

17. 北京市国资委：《北京市属国有企业社会责任研究》，2012 年 5 至 2012 年 12 月。

18. 国资委研究局：《企业社会责任推进机制研究》，2010 年 1 月至 2010 年 12 月。

19. 国家科技支撑计划课题：《〈社会责任国际标准风险控制及企业社会责任评价技术研究〉任务》，2010 年 1 月至 2010 年 12 月。

20. 深交所：《上市公司社会责任信息披露》，2009 年 3 月至 2009 年 12 月。

21. 中国工业经济联合会《工信部制定〈推进企业社会责任建设指导意见〉前期研究成果》，2009 年 10 月至 2009 年 12 月。

22. 中国社科院：《灾后重建与企业社会责任》，2008 年 8 月至 2009 年 8 月。

23. 中国社科院：《海外中资企业社会责任研究》，2007 年 6 月至 2008 年 6 月。

24. 国务院国资委：《中央企业社会责任理论研究》，2007 年 4 月至 2007 年 8 月。

【专著】

1. 《中国企业社会责任报告指南基础框架（CASS – CSR4.0）》，经济管理出版社 2017 年版。

2. 《中国企业扶贫研究报告（2017）》，经济管理出版社 2017 年版。

3. 《中国企业公益研究报告（2017）》，经济管理出版社 2017 年版。

4. 《中国企业应对气候变化自主贡献研究报告（2017）》，经济管理出版社 2017 年版。

5. 《中资企业海外社会责任研究报告（2016～2017）》，社会科学文献出版社 2017 年版。

6. 《中国企业扶贫研究报告（2016）》，社会科学文献出版社 2016 年版。

7. 《中国企业公益研究报告（2016）》，社会科学文献出版社 2016 年版。

8. 《中国企业社会责任年鉴（2016）》，经济管理出版社 2016 年版。

9. 《中国企业社会责任研究报告（2016）》，社会科学文献出版社 2016 年版。

10. 《上海上市公司社会责任研究报告（2016）》，经济管理出版社 2016

年版。

11.《汽车企业社会责任蓝皮书（2016）》，经济管理出版社 2016 年版。

12.《企业公益报告编写指南 3.0》，经济管理出版社 2016 年版。

13.《中国企业社会责任报告（2015）》，经济管理出版社 2015 年版。

14.《中国企业公益研究报告（2015）》，社会科学文献出版社 2015 年版。

15.《中国企业社会责任研究报告（2015）》，社科文献出版社 2015 年版。

16.《上海上市公司社会责任研究报告（2015）》，经济管理出版社 2015 年版。

17.《中国企业社会责任报告（2014）》，经济管理出版社 2015 年版。

18.《中国企业社会责任研究报告（2014）》，社会科学文献出版社 2015 年版。

19.《企业社会责任负面信息披露研究》，经济管理出版社 2015 年版。

20.《中国企业公益研究报告（2014）》，经济管理出版社 2015 年版。

21.《中国企业社会责任报告编写指南 3.0 之石油化工业指南》，经济管理出版社 2015 年版。

22.《中国企业社会责任报告白皮书（2013）》，经济管理出版社 2014 年版。

23.《中国企业社会责任研究报告（2013）》，社会科学文献出版社 2014 年版。

24.《中国企业社会责任报告编写指南（CASS – CSR3.0）》，经济管理出版社 2014 年版。

25.《中国企业社会责任报告编写指南 3.0 之钢铁业指南》，经济管理出版社 2014 年版。

26.《中国企业社会责任报告编写指南 3.0 之仓储业指南》，经济管理出版社 2014 年版。

27.《中国企业社会责任报告编写指南 3.0 之电力生产业》，经济管理出版社 2014 年版。

28.《中国企业社会责任报告编写指南之家电制造业》，经济管理出版社 2014 年版。

29.《中国企业社会责任报告编写指南之建筑业》，经济管理出版社 2014 年版。

30.《中国企业社会责任报告编写指南之电信服务业》，经济管理出版社2014年版。

31.《中国企业社会责任报告编写指南之汽车制造业》，经济管理出版社2014年版。

32.《中国企业社会责任报告编写指南之煤炭采选业》，经济管理出版社2014年版。

33.《中国企业社会责任报告编写指南之一般采矿业》，经济管理出版社2014年版。

34.《中国企业社会责任案例》，经济管理出版社2014年版。

35.《中国国际社会责任与中资企业角色》，中国社会科学出版社2013年版。

36.《企业社会责任基础教材》，经济管理出版社2013年版。

37.《中国可持续消费研究报告》，经济管理出版社2013年版。

38.《中国企业社会责任研究报告（2012）》，社会科学文献出版社2012年版。

39.《中国企业社会责任报告白皮书（2012）》，经济管理出版社2012年版。

40.《中国企业社会责任研究报告（2011）》，社会科学文献出版社2011年版。

41.《中国企业社会责任报告编写指南（CASS－CSR2.0）》，经济管理出版社2011年版。

42.《中国企业社会责任报告白皮书（2011）》，经济管理出版社2011年版。

43.《企业社会责任管理体系研究》，经济管理出版社2011年版。

44.《分享责任——中国社会科学院研究生院MBA"企业社会责任"必修课讲义集（2010）》，经济管理出版社2011年版。

45.《中国企业社会责任研究报告（2010）》，社会科学文献出版社2010年版。

46.《政府与企业社会责任——国际经验和中国实践》，经济管理出版社2010年版。

47.《中国企业社会责任研究报告（2009）》，社会科学文献出版社2009年版。

48.《中国企业社会责任报告编写指南（CASS－CSR1.0）》，经济管理出版社 2009 年版。

49.《中国企业社会责任发展指数报告（2009）》，经济管理出版社 2009 年版。

50.《慈善捐赠与企业绩效》，经济管理出版社 2007 年版。

【论文】

在《经济研究》《中国工业经济》《人民日报》《光明日报》等刊物上发表论文数十篇。

【专访】

接受中央电视台、中央人民广播电台、人民网、新华网、光明网，凤凰卫视，法国 24 电视台等数十家媒体专访。

二、参考文献

（一）国际社会责任标准与指南

［1］全球可持续发展标准委员会（GSSB）：《GRI 可持续发展报告标准》（GRI Standards），2018 年。

［2］国际标准化组织（ISO）：《社会责任指南：ISO26000》，2010 年。

［3］联合国全球契约组织：《全球契约十项原则》。

［4］联合国：《联合国可持续发展目标》（SDGs），2015 年。

［5］国际审计与鉴证准则委员会（IAASB）：ISAE3000。

［6］Accountability：AA1000 原则标准（AA1000APS）、AA1000 审验标准（AA1000AS）和 AA1000 利益相关方参与标准（AA1000SES）。

［7］国际综合报告委员会（IIRC）：《整合报告框架（2013）》。

［8］国际石油工业环境保护协会（IPIECA）、美国石油学会（API）：《石油和天然气行业可持续发展报告指南》。

［9］国家标准化管理委员会：GB/T36000 – 2015《社会责任指南》，2015 年。

（二）国家法律法规及政策文件

［10］《中华人民共和国宪法》及各修正案。

［11］《中华人民共和国公司法》。

［12］《中华人民共和国合伙企业法》。

［13］《中华人民共和国个人独资企业法》。

［14］《中华人民共和国中外合资经营企业法》。

［15］《中华人民共和国价格法》。

［16］《中华人民共和国反洗钱法》。

［17］《中华人民共和国税收征收管理法》。

［18］《中华人民共和国劳动法》。

［19］《中华人民共和国劳动合同法》。

［20］《中华人民共和国劳动争议调解仲裁法》。

［21］《中华人民共和国社会保险法》。

［22］《中华人民共和国妇女权益保障法》。

［23］《中华人民共和国职业病防治法》。

［24］《中华人民共和国工会法》。

［25］《中华人民共和国就业促进法》。

［26］《中华人民共和国科技成果转化法》。

［27］《中华人民共和国产品质量法》。

［28］《中华人民共和国技术合同法》。

［29］《中华人民共和国专利法》。

［30］《中华人民共和国著作权法》。

［31］《中华人民共和国环境保护法》。

［32］《中华人民共和国水污染防治法》。

［33］《中华人民共和国大气污染防治法》。

［34］《中华人民共和国固体废物污染环境防治法》。

［35］《中华人民共和国环境噪声污染防治法》。

［36］《中华人民共和国清洁生产促进法》。

［37］《中华人民共和国水法》。

[38]《中华人民共和国节约能源法》。

[39]《中华人民共和国野生动物保护法》。

[40]《中华人民共和国慈善法》。

[41]《安全生产培训管理办法》。

[42]《安全生产行业标准管理规定》。

[43]《安全生产违法行为行政处罚办法》。

[44]《职工带薪年休假条例》。

[45]《禁止使用童工规定》。

[46]《女职工劳动保护规定》。

[47]《工伤保险条例》。

[48]《劳动防护用品管理规定》。

[49]《安全生产许可证条例》。

[50]《集体合同规定》。

[51]《最低工资规定》。

[52]《生产安全事故报告和调查处理条例》。

[53]《中华人民共和国企业劳动争议处理条例》。

[54]《污染源监测管理办法》。

[55]《环境标准管理办法》。

[56]《环境保护行政处罚办法》。

[57]《化学危险物品安全管理条例》。

[58]《危险化学品安全管理条例》。

[59]《危险废物贮存污染控制标准》。

[60]《中共中央关于全面深化改革若干重大问题的决定》。

[61]《中共中央关于全面推进依法治国若干重大问题的决定》。

[62]《中共中央关于制定国民经济和社会发展第十三个五年规划的建议》。

[63]《中央企业履行社会责任的指导意见》。

[64]《中央企业"十三五"发展规划纲要》。

[65]《中央企业负责任经营业绩考核办法》。

[66]《关于全面推进法治央企建设的意见》。

[67]《关于深化国资国企改革促进发展的意见》。

［68］《关于加强中央企业品牌建设的指导意见》。

［69］《关于促进创业投资持续健康发展的若干意见》。

［70］《企业绿色采购指南（试行)》。

［71］《石化和化学工业发展规划（2016～2020年)》。

［72］《石油发展"十三五"规划》。

［73］《危险化学品安全生产"十三五"规划》。

［74］《"十三五"节能减排综合工作方案》。

［75］《"十三五"资源领域科技创新专项规划》。

［76］《上海证券交易所上市公司环境信息披露指引》。

［77］《深圳证券交易所上市公司社会责任指引》。

［78］《香港联合交易所环境、社会及管治报告指引》。

（三）社会责任研究文件

［79］中国社会科学院经济学部企业社会责任研究中心：《中国企业社会责任报告评级标准2018》，2018年。

［80］中国社会科学院经济学部企业社会责任研究中心：《中国企业社会责任报告编写指南（CASS – CSR4.0)》，2017年。

［81］中国社会科学院经济学部企业社会责任研究中心：《中国企业社会责任研究报告2009/2010/2011/2012/2013/2014/2015/2016/2017/2018》，社会科学文献出版社。

［82］中国社会科学院经济学部企业社会责任研究中心：《中国企业社会责任报告白皮书2011/2012/2013/2014/2015/2016/2017》，经济管理出版社。

［83］中国社会科学院经济学部企业社会责任研究中心：《企业社会责任基础教材》，经济管理出版社2013年版。

［84］彭华岗等：《企业社会责任管理体系研究》，经济管理出版社2011年版。

［85］国家电网公司《企业社会责任指标体系研究》课题组：《企业社会责任指标体系研究》，2009年。

［86］殷格非、李伟阳：《如何编制企业社会责任报告》，2008年。

［87］李伟阳、肖红军、邓若娟：《企业社会责任管理模型》，经济管理出版社2012年版。

后　记

2009 年 12 月，中国社科院发布了中国第一份企业社会责任报告本土编写指南——《中国企业社会责任报告编写指南（CASS – CSR1.0）》（简称《指南1.0》）。随着企业社会责任的持续发展，为了保持报告编写指南的生命力，指南更新升级一直在路上：2011 年 3 月发布《中国企业社会责任报告编写指南（CASS – CSR2.0）》（简称《指南2.0》），2014 年 1 月发布《中国企业社会责任报告编写指南（CASS – CSR3.0）》（简称《指南3.0》）。《指南3.0》完成了引导我国企业社会责任从"报告内容"到"报告管理"的转变，截至 2017 年底，参考《指南3.0》编写社会责任报告的企业数量已经接近 400 家。

近年来，联合国可持续发展目标（SDGs）、中国社会责任国家标准（GB/T36000）和香港联交所《环境、社会及管治（ESG）报告指引》等重要标准、倡议相继颁布实施。为提升《指南》国际性、包容性和引领性，2016 年 7 月，《中国企业社会责任编写指南（CASS – CSR4.0）》（简称《指南4.0》）专家研讨会在中国社会科学院召开，20 余名权威专家参加了研讨会；2016 年 9 月，《指南4.0》编制启动会在北京召开，来自政府、企业、NGO、科研单位等机构约 150名代表出席了启动会。2017 年 9 月，《指南4.0》专项调研走进韩国现代汽车集团。历时一年多，《指南》成功升级到 4.0 版本。

作为《中国企业社会责任报告编写指南（CASS – CSR4.0）》丛书的分行业指南，中国企业社会责任报告指南 4.0 之石油化工业的编制时间为 2018 年 10 月 –2019 年 9 月。本书是集体智慧的结晶，全书由马燕、刘袖瑕、王李甜子、陈洁共同撰写。作为《中国企业社会责任报告指南（CASS – CSR4.0）》丛书的分行业指南，《中国企业社会责任报告指南 4.0 之石油化工业》的编制时间为 2018 年10 月 –2019 年 9 月。本书是集体智慧的结晶，全书由中国社科院经济学部企业社会责任研究中心主任钟宏武，中国石化社会责任办公室负责人、宣传工作部主任吕大鹏、中国LG化学副总经理孙兴起、中国石化宣传工作部副主任王涛担任顾问；中国石化宣传工作部品牌处处长周泉生、中国LG化学品牌公关部副总监陈洁、责任云研究院执行院长马燕担任组长；中国石化宣传工作部品牌处主管王李甜子、中国LG化学战略合作部经理聂昭衡对指南提出了针对性的意见和建议，并为第八章案例写作提供材料及写作支持；全书由马燕、刘袖瑕、王李甜子、聂昭衡等共同撰写；在资料整理过程中，马燕、刘袖瑕、王沿坪、杨秀、王雨霏等做出了诸多贡献，全书由钟宏武审阅、修改和定稿。在资料整理过程中，马燕、刘袖瑕、王沿坪、杨秀等做出了诸多贡献，全书由钟宏武审阅、修改和定稿。

《中国企业社会责任报告编写指南》系列将不断修订、完善，希望各行各业的专家学者、读者朋友不吝赐教，共同推动我国企业社会责任更好、更快的发展。

课题组

2019年9月